FÖRVERKLIGA DINA DRÖMMAR

FÖRVERKLIGA DINA DRÖMMAR

att betrakta livet och dess olika delar ur nya tankar och perspektiv

SAM HAGGU

AuthorHouse™
1663 Liberty Drive
Bloomington, IN 47403
www.authorhouse.com
Phone: 1-800-839-8640

Published by AuthorHouse 11/15/2012

ISBN: 978-1-4772-4654-2 (sc)
ISBN: 978-1-4772-4655-9 (e)

This book is printed on acid-free paper.

INNEHÅLL

Förord

Tankar är själva hjulen som utvecklingen rullar fram på. Utan dessa tankar skulle allting stanna.

Oavsett om du är en designer som drömmer om annan värld, en ingenjör som jobbar med ett helt nytt material, en företagsledare som föresatt sig att utveckla ett alldeles nytt affärskoncept, en reklambyråanställd som försöker finna ett banbrytande sätt att sälja en produkt, en grundskolelärare som försöker planera en minnesvärd morgonsamling eller en medarbetare som letar efter överflöd och välstånd, så är din förmåga att få bra idéer grundläggande för dina möjligheter att nå framgång.

Alla val vi gör får följder, antingen vi tänker på det eller inte. Detta även om vi inte är medvetna om att vi faktiskt har gjort ett val. När vi väljer skapar det följder för oss själva. Därför är det viktigt att förstå att vi väljer hela tiden och bli medvetna om hur vi väljer. Även om vi inte gör den ansträngningen fortsätter vi att möta konsekvenserna, och de kanske blir av den typ vi hade önskat.

Den här boken handlar om den kraft som ligger i att välja och om hur vi kan använda denna kraft på ett klokt sätt. Boken ger de verktyg du behöver för att välja ansvarsfullt och förvekliga dina drömmar.

Med kärlek

Sam Haggu.

2011.01.30.

Kapitel 1 - Relationer

Förmågan att tänka är förmågan att skapa. Vad du upplever är nära och oåterkalleligt förknippat med vad du tänker och väljer. Om du tänker betrakta dig som inkompetent skapar du upplevelser av inkompetens. Om det blir en vana börjar sådana upplevelser framstå som naturliga för dig, och du förväntar dig ingenting annat. Det blir en ond cirkel: Du blir övertygad om att du är inkompetent, men att du upplever det beror på att du skapar sådana tankar.

När du fokuserar på vad du inte kan göra i stället för vad du kan göra skapar du en begränsad och ofullständig bild av dig själv. Du bortser från dina förmågor och betraktar dig som inkompetent för att du tänker på en viss del av dina färdigheter – dem som du betraktar som otillräckliga – i stället för att fokusera på din styrka.

De flesta människor tror att det är deras upplevelser som visar vilka de är. De vet inte att de har förmågan att forma dessa upplevelser som en krukmakare formar lera. Du är ingen färdig produkt som en okänd otillgänglig handverkare har skapat. Du är själv skaparen, och du är också det konstverk som skapas. Du väljer färgen, du väljer var du ska lägga till lera och var du ska ta bort och du väljer om konstverket som helhet ska bli mörkt och deprimerande eller ljust och glatt. Det finns ingen begränsning för din skaparkraft.

När du identifierar dig med bara några av färgerna och formerna begränsar du dina upplevelser på ett godtyckligt sätt. Det är vad som händer när du väljer samma sak om och om igen. Om du alltid skriker när du är arg eller drar dig undan när du är rädd, skapar ofrånkomligen samma följder: människor stöter bort dig. De delar inte sina tankar och känslor med dig och de kan inte slappna av tillsammans med dig och du kan inte heller slappna av tillsammans med dem. Detta bli följden när vi väljer att skrika eller dra oss undan när vi inte får som vi vill- men det speglar inte vårt inre jag. I stället speglar det våra tankar och våra val. Vi kan välja att låta bli att dra oss undan trots att vi är rädda att inte skrika trots att vi skakar av vrede. Då väljer vi andra följder. Människor börjar uppskatta oss, och vi inspirerar dem.

När du börjar se kopplingen mellan dina tankar och dina upplevelser får du möjligheten att undvika att skapa samma upplevelse igen. Du kan skapa andra upplevelser genom att tänka och välja annorlunda. Då får du styrkraft att navigera med handen på rodret, genom vilka upplevelser som än möter dig.

Du fattar hela tiden nya beslut, oavsett om du tänker på det eller inte, och varje val du gör skapar konsekvenser för dig. Viktiga beslut får förstås följder, men det får även små, till synes obetydliga val. Dina tankar och val skapar konsekvenser från födelsen till din död.

När du är rädd drar du till dig rädda människor och lever med dem i en värld av rädsla. På samma sätt drar den som en kärleksfull till sig människor som är kärleksfulla och lever med dem i en värld av kärlek. När du förstår den universella dragningskraften kan du börja välja. Du väljer antingen du förstår eller inte- och antingen du känner till den här dragningskraften eller inte. Om du är arg tror du att världen är arg, och du omges av arga människor som bekräftar din tro. Om du är kärleksfull tror du att världen är kärleksfull, och du omges av kärleksfulla människor som bekräftar din tro.

Du kan inte förändra din värld genom att förändra andra människor. För att förändra din grupp måste du förändra dig själv. När du förändrar dig själv drar du till dig människor som delar dina värderingar och uppfattningar, medan gamla vänner faller bort. När du ersätter ilska med tålamod, till exempel, dras du inte till dina gamla, arga vänner. Du har inget behov av ilska längre, men det har de. När du ersätter rädsla med medkänsla blir andra medkännande personer mer intressanta för dig att vara tillsammans med och så vidare.

Din yttre fysiska verklighet är tätt förknippad med din inre. Vi har alla otroligt stora tillgångar i vår föreställningsförmåga. En kraft som är redo att väckas och tas i anspråk.

Viljestyrkan är det effektivaste medel du har att arbeta med. Tankar är med och styr en mängd processer i kroppen som äger rum utan att vi egentligen är medvetna om det. Just av den anledningen har det stor betydelse vad du tänker och vilka bilder du ser för din inre syn, för härifrån skjuts många startskott för "produktioner" i kropp och sinne. Genom tankar och inre bilder kan du alltså påverka och ändra den styrningen till det bättre.

Du kan visualisera bilder av dig själv vid det mål i den situation du önskar dig. Därför kan samma sak hända i verkligheten. Du har helt enkelt möjligheten att göra dig friskare och piggare utifrån den värld du väljer att skapa i ditt medvetande. Därmed kan du ändra både dina beteendemönster och ditt fysiska tillstånd.

På det sättet kan du lära dig att styra ditt eget liv i att dra ifrån och lägga till. Du kan påverka skador och sjukdomar positivt, och du kan arbeta för att införliva det du önskar dig i ditt liv.

Förmågan att visualisera har du redan, du behöver bara aktivera dess energi så att den vaknar och börjar arbeta för dig. Det gör du genom att vara medveten om den, ta den som något helt naturligt och bara sätt igång att använda den.

Idag är det erkänt att många av våra sjukdomar och skador har utvecklats på grund av negativa tankegångar. Att mångas livsvillkor bygger på samma grund.

I ljuset av det kontrasterande måste slutsatsen bli att vi likaväl kan skapa det motsatta. Genom att styra våra tankegångar så att de i stället blir positiva och helande.

Naturligtvis måste du tro på att det fungerar. Du kan inte kalla fram bilder för din inre syn och samtidigt tänka att det nog inte fungerar. Då får du rätt, för du skapar det du tänker.Tankarna är ditt frö som låter växa fram och utvecklas. Tanken på en citron är ett exempel på att tankar och inre bilder kan orsaka en fysisk reaktion.

Föreställ dig att du står med en stor, saftig citron i handen. Du tar en kniv och skär den mitt itu. Därefter biter du i fruktköttet och tuggar på det. Se det. Känn det.

Hur är det med saliven nu? Finns det mer saliv? Därför att du bet i en citron? Eller därför att du tänker att du gjorde det?

Om du är nervös, kanske inför en anställningsintervju, kan tanken på det som väntar göra dig sömnlös och ge dig hjärtklappning, darriga händer eller röda utslag på halsen.

Är du ny förälskad känns det som du svävar. Du tror att du kan allt. Och du kan allt! Därför att du tror det.

Fysiska effekter, enbart på grund av tanke. Bilder du skapar inne i huvudet, av fruktan eller spänning eller av att du inte räcker till i en viss situation- kan leda till att du behöver gå på toaletten mycket oftare än annars. Alltså en fysisk reaktion.

Du kan gå ner i vikt så att uppnår din idealvikt, och det är inte bara en önskedröm. Det går att åstadkomma och det är lätt. Det är en enkel och naturlig metod som bygger på koncentration, en god orubblig tro på att det kommer att ske. Tankar och inre bilder har kraft att styra dig du dit du önskar.

Massor av människor har problem med att få diverse bantningskurer att fungera, och du kan lugnt glömma allt som har med bantning att göra. Det blir sällan ett samarbete mellan dig och kuren, utan snarare motarbete. Självklart vill du gärna se resultat och du känner dig kanske tvingad av omständigheterna att följa en bantningskur, även om du känner motstånd mot den eftersom den är obehaglig och onaturlig för dig.

Säg i stället till dig själv: “Jag är smal”. De orden hjälper dig att visualisera dig själv som smal, även om du är överviktig och på väg att bli smal.

En del invänder: “Jag kan inte inbilla mig själv att jag är smal, när jag vet att jag är överviktig”. Men vad säges om att vända på det och fundera på ifall det inte är just därför att du för din inre syn ser dig själv som överviktig, som det har blivit så ? Att du på grund av det har blivit överviktig och nu ofrivilligt håller kvar de överflödiga kilon…?

Den logiska slutsatsen blev att om tankar kan förändra en kropp till det sämre, kan de också göra någon överviktig, kan tankar och inre bilder också vara ett sätt att gå ner i vikt.

Se slutresultatet som om det var ett faktum. I samma ögonblick som du skapar bilder av dig själv- och väljer att tro på dem- lystrar cellerna till de order som kommer från högsta ort, nämligen från medvetandet. De börjar förändras och nyskapa ditt egentliga jag. Det handlar återigen om hur du väljer att se dig själv. Är övervikten du? Eller är övervikten något oönskat som har häftat fast vid dig, men som inte är du? Som ett slags rock som gott kan tas av.

Det gör stor skillnad för resultatet hur du ser på det här- om de extra kilon inte är du och du inte vill kännas vid dem, så gör dig av med ditt medvetande genom att ignorera dem totalt. Det finns inget så dödsbringande som att ignoreras eller betraktas som icke existerande, så ska du betrakta din övervikt. Eller rättare sagt, låta bli att betrakta den eller tänka på den eller se den i dina bilder av dig själv.

Lika vibrationer attraherar varandra medan olika stöter bort varandra. Med andra ord du kan aldrig dra till dig välstånd i livet om du ständigt avger en vibration av fattigdom och brist. Det går helt enkelt inte att komma runt det här.

Tv och tidningar har lyckats få den mycket verkliga lagen om attraktion att låta som magiskt önsketänkande. Tänk, så lätt det är att göra narr av någon som säger: "Utstråla en viss energi, och du kommer att få mer av samma vara tillbaka". Men låt mig ge dig några bevis för att det inte bara finns "något" där ute som lyssnar utan att systemet dessutom är upplagt till din fördel. De här teorierna om hur universum fungerar kanske inte är till hundra procent bevisade ännu (men de har å andra sidan inte blivit motbevisade heller).

Ha föresatsen att uppnå de mål som du verkligen vill uppnå och som du förtjänar- inte de som låter bra för andra, som är självutplånande eller som bara syftar till att uppfylla dina föräldrars drömmar. Du behöver inte anpassa dig efter någon annan. Om folk tittar på dig med rynkad panna och frågar "varför vill du det?" behöver du bara svara: "för att jag vill det". En del människor kommer säkert att kalla dig självisk eller ivrig för att du vill ha eller uppleva saker och ting, men det är deras problem- låt inte dem hindra dig. Antingen blir du en förebild som de kan lära sig av eller också lär de sig ingenting, men hursomhelst har det inte med dig att göra.

jag ska inte sticka under stol med att det finns en mörk sida, en hemlig sida, av att ha mål. Massor av människor sätter upp sina mål för att bevisa något, för att överträffa någon annan eller till och med för att göra bort en rival. Om det är fallet när det gäller dina mål tillstå dig för dig själv. Negativa drivkrafter kan vara en väldigt starkt motor när man ska komma igång. Det är inget fel med det, men det finns en högre väg att gå- en bättre väg. Är det inte mer lockande att göra någonting av hjärtat att sjunga än att drivas av smärtan? Fundera på saken.

Först och främst bar mål alltid vara specifika och mätbara. Först då vet ditt inre hur det ska göra för att realisera dem.

Vi vet redan att allting består av energi och att energi vibrerar – vi kallar det en frekvens.Det finns en oändligt antal frekvenser eller vibrationer i vårt universum. Från super snabba eller väldigt långsamma. Ultraviolett strålning har till exempel på 10^{14} hertz. Ja, du kan jämföra det med ditt köksbord, som har en frekvens på ett par hertz, som din bil och vad är poängen med det här? För att manifestera saker och ting från en icke – fysisk värld av energi till den fysiska världen måste man få dem att gå långsammare – mycket långsammare. Och det gör man genom att göra dem mycket specifika och medbara.

Om vi ska vara realistiska hur vet du att du har uppnått ett visst mål om det inte går att mätas? Om du säger att du vill ha en bättre relation med dina barn – hur mäter du det? Hur ska du veta när det har blivit "bättre" ? "Jag vill tjäna mer pengar och jobba mindre". Vad betyder det – tio kronor extra och en timme mindre? Men om du skriver "Jag ska åka till djurparken med barnen inom den närmaste månaden" eller "Jag ska börja min timtaxa med hundra kronor och dra ner på arbete en timme om dagen inom två veckor" – då blir det mer mätbart och konkret.

Det finns ytterligare en sak som är viktig när det gäller formuleringen av ditt specifika, mätbara mål: uttryck det i nutid. Skriv så här:" Jag är så glad och tacksam för att tillbringa den här fantastiska dagen på djurparken och se på delfinshowen". Kan du se det framför dig? Kan du känna hur glada ni är, ser hur vattnet stänker på er från delfiner där ni sitter på första bänk? Behöver du en handduk? Varje gång du läser eller säger den här meningen kommer du att föreställa dig alla saker du kan göra efter delfinshowen – åka linbana, åka safari, besöka aphuset och tigrarna, köpa glass i strut och njuta av varje tugga.

"Jag är så glad att jag är frisk och pigg och väger 56 kg och har nya lee – jeans i storlek 28". Känner du skillnaden, när du formulerar det som om det redan vore sant här och nu? Universum lägger sig inte i vad du önskar dig, men den tar dig på orden – så uttryck dig alltid som om du redan hade det.

Här är några bra exempel att börja med. "Jag är så glad och tacksam för att jag tjänar 30000 extra den här månaden. Jag är så glad och tacksam för att jag äger den mest framgångsrika advokatbyrån i hela stan – för att jag bidrar med så mycket och hjälper så många människor. Min familj och jag älskar att bo i vårt drömhus vid havet. Min hustru och jag njuter av att köra vår nya Mercedes med suffletten nere och känna vinden i håret. Vi är som tonåringar igen".

När vi använder ord som glad, entusiastisk och älskar får vi med det känslomässiga element som är så viktigt. Känslor är bara energi i rörelse. De är nyckeln till motivationen, och en av de mest kraftfulla känslorna är tacksamhet. När vi är tacksamma är det som om vi sänder ut budskapet: "Tack, skicka mer!" Alla kan vara tacksamma för det som redan har hänt. Då blir föresatsen någonting som väcker vår energi och entusiasm inte bara något vi kan få.

Varje morgon när du går upp, när det undermedvetna är som mest mottagligt, föreställ dig ditt mål innan du ens stigit upp ur sängen. Om du kan se det och känna det kan också det undermedvetna göra det. Och det är det undermedvetna som styr kroppen, så om du börjar dagen på det här viset kommer det att innebära att du under dagen gör saker som fyller samma syfte.

Människor som lever i harmonisk rikedom slösar inte bort någon tid på att ta ett steg tillbaka i rädsla eller tvivel när de väl vet vad är det de vill ha. Det skapar bara förvirring och oro. De som uppnår saker och ting har i livet fokuserar bara på sina visioner och ger de näring i form av visdom, mod och hängivenhet, oavsett vilka omständigheter som råder just nu. De vet att det bara är en tidsfråga innan deras visioner manifesteras i fysisk form och de vet att resultaten tar fysisk form och ersätter den tidigare programmeringen snabbare ju starkare deras övertygelse är.

Vägen kommer att framträda för dig. Häng inte upp dig på nästa vecka. Häng inte ens upp dig på vad ska hända imorgon. Engagera dig helt och fullt i den här dagen. Du har din vision, din inre bild. Lägg nu hundra procent av uppmärksamheten på den och kör på!

Tänk på ett tillfälle du träffade någon som var så lik dig att ni omedelbart fick kontakt med varandra. Ni skrattade och var glada och rent av upprymda. Är det inte fantastiskt när det händer och det är energi.

De bästa relationerna har man med människor vars energi påminner om ens egen. Tänk på alla likheter mellan dig och din bästa vän eller livskamrat eller partner. De representerar de frön inom oss själva som vi ger näring, frön som genom omsorg och kärlek har utvecklats till blommor. De reflekterar oss själva – det goda, det dåliga och det likgiltiga.

När en relation inte fungerar beror det alltid på att energien inte är i samklang, oavsett hur komplicerade du drar till dig människor med en låg vibration finns någonting som är lågt med din egen också. skälen kan te sig på ytan. Vibrationerna stämmer helt enkelt inte. Inte så konstigt att folk ofta använder kemi för att beskriva sådant. Om

Ytterst lever vi alla efter människor som känns som idealversioner av oss själva. Bestäm dig för att höja din egen frekvens, och du kommer att häpna över hur kvaliteten hos de människor du attraherar förändras.

Det handlar om att dra till sig allting man vill i livet genom att höja sin egen vibrationsfrekvens. Åter igen – det är inte ett arbete. Fundera över det här: hur du behandlar dig själv visar världen hur den ska behandla dig. Människor kan inte och kommer inte att behandla dig bättre än du behandlar dig själv. Om du inte behandlar dig väl behandlas du inte väl av andra heller, så vad kan du göra för dig själv idag?

Precis som du måste utvecklas för att kunna ta emot större summor pengar måste du utvecklas För att kunna ta emot en större mängd kärlek.om vill dra till dig rätt partner måste du ta kontrollen över ditt eget öde,välkomna tanken på att arbeta inifrån och ut och utvecklas så att du matchar den nya föresatsen och kan dra till dig en person som har motsvarande vibration. Engagera dig i relation med dig själv,så att du kan bygga upp en djupare,mer medveten relation,med mer förståelse och kontakt.Din unika väg dit kommer att framträda klart för dig du prioriterar den.

Du måste också välkomna en beständig tro på dig själv,om du inte gör det kommer du aldrig att börja handla på sätt som kan få föresatsen att manifesteras i praktiken.Du kommer inte ens att kunna bli en bråkdel av vad du är kapabel till.Om du inte är mycket ovanlig bär du på begränsade föreställningar om dig själv,föreställningar som du fått från omgivningen mycket tidigt i livet.

Lagen om attraktion får sin näring av expantion och kärleken till dig själv. Det är stor skillnad mellan att vara fokuserad på sig själv och att vara självisk. När vi fokuserar på oss själva tar vi hand om oss själva först, gör vad som helst för oss och lever det liv vi väljer att leva. Det är sunt. Men när vi är själviska försöker vi få andra att leva det liv som vi väljer. Det är inte sunt.

Jag har insett att om jag väljer som är bäst för mig är det bäst även för mina relationer. Det betyder inte att jag inte bryr mig om eller inte tänker på andra – långt därifrån. Jag älskar mina relationer, jag älskar människor, och jag vill hela tiden kunna ge mer. Men jag inser också att jag för att kunna ge mer måste vara mer, och det blir när jag står för mina behov och tar hand om mig själv. Man kan inte ge något som man inte har.

Relationer kräver hårt arbete, och våra viktiga relationer drar upp alla våra olösta problem till ytan. jag lovar att du inte kan missa chansen att möta den rätta. När du höjer din vibration drar du till dig människor med allt högre vibrationer. Det blir aldrig lätt, hur utvecklad du än är. Om du tror att du vill dra till dig ditt bästa, mest romantiska förhållande måste du vara medveten om att ju större och viktigare relationer är, desto mer potentiell friktion, oenighet och kaos får du räkna med. Om du ska få uppleva topparna får du också vara beredd på att hantera dalarna, att tro någonting annat är att hålla liv i en illusion. Önska dig att verkligen leva livet.

Omge dig med stora tänkare – människor vars karaktär och prestationer du strävar efter att efterlikna i ditt eget liv, människor som delar en harmonisk vibration med dig och ditt syfte. Dina relationer och vänskapsförhållanden är viktigare än ditt arv. De personer du umgås med har större inflyttande över dig än din uppfostran. Du kanske har hört att du kommer att vara samma person om ett antal år som du är idag: böckerna du läser, besluten du fattar och de individer du regelbunden umgås med. Berätta inte om dina drömmar för andra om du inte kan garantera att de kommer att ge dig stöd. En del människor trivs helt enkelt med att gnälla och klaga över allting. Du känner säkert några av dem. Sådana människor kallar jag energi vampyrer. Du vet, sådana som suger blodet, energin ur dig. De glider omkring med huggtänderna framme, klagar över det som inte fungerar, det som inte är perfekt,och allt som saknas. Du träffar de för ett möte, och efteråt känner du dig tömd på energi. Det kanske finns en sådan person i din familj. Men livet är dyrbart, och det går fort.

Betrakta dina närmaste vänner, och du kommer att se vad du drar till dig. Är de i god fysisk form? Generösa? Har de gott om pengar? Eller hankar de sig fram och klagar över hur panka de är? Är de lyckligt gifta? Eller om det är fråga om singlar, lever de ett lyckligt och tillfredsställande, singelliv? Det är fem gånger troligare att du är i fin fysisk form om människorna i din omgivning är det. Tänk på det – de människor du omger dig med kan antingen hjälpa dig på vägen eller dra ner dig. Antingen hjälper de dig att vilja lyckas, eller också inte. Vem umgås du med egentligen? Antingen rör vi oss framåt i livet, eller också rör vi oss bakåt – antingen utvecklas vi, eller också dör vi. Det finns ingen stagnation.

Tvärtemot vad du kanske ofta har hört är kunskap lika med makt. Det är potentiell makt. Kunskap och information – vår tids största handelsvara som används i rätt sammanhang och i samklang med de universella principerna är sann makt och rikedom. Så om information alltså är potentiell makt och information i rätt sammanhang är sann makt är det dagens experter – de som både har kunskapen och använder den med omdöme – som blir rika. Hur kan du bli en av dem.Till att börja med måste du tänka själv. Lyssna till och handla utifrån dina egna tankar, inte gamla repriser av intellektuell social programmering. Även om det är viktigt att ständigt hålla sig uppdaterad i den yttre världen är enbart information ingenting annat än strukturerade fakta. Det är först när du tar informationen och handlar efter den, i enlighet med ditt eget omdöme, som ditt liv kan börja förändras. Det är inte vad du vet som förändrar ditt liv – det vad du gör på grund av det du vet som verkligen skiljer dig från dem som bara går och drömmer.

Vad du tror att du kan uppnå är det som driver fram resultaten, det vill säga bristen på överflöd när det handlar om pengar, sinnesfrid, relationer, hälsa eller vad som helst. Det du upplever just nu är den sammanlagda summan av ditt totala trosystem, vilket i sin tur är precis vad det låter som: allting du tror på, dina vanor, upplevelser, värderingar och antaganden. De flesta försöker förändra sina resultat genom att hantera effekten av trosystemet, och de attackerar resultaten med olika lösningar i hopp om att få fram en förändring. Men om du vill förändra resultaten måste du förändra orsaken till dem. Du måste förändra din trosystem.

En av anledningarna till att det är svårt att förändra våra trosuppfattningar eller mentala föreställningar är att vi inte förstår hur de kommer in i huvudet på oss från början. Varför tror vi på det vi tror på? För det första är det så att våra omedvetna programmeringar och vår starka identifikation med kulturen runt omkring oss avhåller många av oss från att skapa ett oberoende själv, en unik identitet. Det är få individer som börjar agera utifrån sin inre sanning genom att leva mer medvetet. Om vi vill förändra vårt totala trosystem måste vi föra fram våra omedvetna föreställningar i medvetenhetens ljus, undersöka om verkligen tjänar oss, läka dem, förändra dem eller släppa taget om dem om vi inte har någon nytta av dem.

Din programmering kommer från djupt rotade värderingar, föreställningar och antaganden som är fixerade i ditt undermedvetna. Återigen är de flesta av dem gåvor som vi fått mycket tidigt i livet från föräldrar, far – och morföräldrar, lärare, tränare, religiösa ledare och alla möjliga andra auktoriteten, generellt mellan tre och åtta års ålder. På det stora hela är du en biprodukt av andra människors vanemässiga tankar, och det är de tankarna som ger upphov till många av de resultat du får. Visst är det absurt? Du kanske inte ens tycker om de där människorna! För det mesta är vi inte aktivt medvetna om allt som det undermedvetna har för sig, men ändå är det programmeringarna, den omedvetna filmen eller det totala trossystemet, som styr allt vi tänker, tror eller övertygade om.

Tack och lov är det möjligt för dig att välja nya föreställningar att agera utifrån och därmed få nya resultat. Du valde ju det du har idag även om du kanske inte var medveten om det.

Här är hemligheten om det mänskliga sinnet: även om de tankar och föreställningar du har i den medvetna delen av psyket är av avgörande betydelse för att du ska kunna få det du vill ha, är de undermedvetna programmeringarna och föreställningarna ännu viktigare. De omedvetna programmeringarna är i gång dygnet runt, varje dag. För att uppnå harmoni när det gäller den här pelaren måste du förstå de inblandade komponenterna. Ditt undermedvetna är det som styr alla dina handlingar, och det är där dina vanor upprätthålls.

När du lär dig någonting på ett medvetet plan, som att köra bil, är det svar till att börja med – men så småningom faller förmågan ner i det undermedvetna och blir en vana. Från den stunden är det undermedvetna som sköter om den aktiviteten, och du behöver inte anstränga dig särskilt mycket.

Som du kanske förstår är det i ditt undermedvetna som alla dina programmeringar och ditt totala trossystem finns. Det undermedvetna skapade berättelse om dig flera år innan du hade den intellektuella förmågan att förstå processen kognitivt. Här härbergeras en stor del av den där filmen som spelas upp, från projektor och ut på världens filmduk. Det undermedvetna är den känslomässiga, mottagliga delen av psyket. Här glöms ingenting någonsin bort: det undermedvetna lagrar allt som händer under vardagens medvetande, men det går att lära sig komma åt det genom meditation, visualisering, avslappning, iakttagande av mönster och så vidare.

Människor som uppnår goda resultat gör det för att de har lärt sig att använda det undermedvetna på rätt sätt genom att plantera stärkande frön till sin vision och sina föresatser i form av bilder i det undermedvetna. De frön du planterar i det undermedvetnas trädgård gror så småningom och ger upphov till handlingar som drar till sig ett motsvarande resultat. Man kan ju inte få diamanter genom att sätta potatis.

Och kroppen är sluttningen, förstås, den plats där all handling och efterföljande resultat utspelar sig. Ditt mål är att omprogrammera ditt totala trossystem så att ditt medvetande och det undermedvetna arbetar parallellt mot målet. Det finns många sätt att göra det: att konsekvent iaktta de resultat du får i det fysiska världen (eftersom de speglar din omedvetna föreställningar bit för bit) samt att hela tiden flytta ditt mentala fokus till nya trosföreställningar och verkligheten.

Som jag har nämnt väljer eller skapar vi våra grundläggande föreställningar från tidig ålder. Med tiden förändras det och våra föreställningar börjar skapa oss i stället.

Dina föreställningar är det sätt som du bestämt dig för att tro att världen fungerar så. De är övertygelsen om, eller accepterandet av att vissa saker är sanna eller verkliga.Du kan ha vilka föreställningar du vill, och de förblir sanna för dig så länge du inte frågasätter dem. När du tror på något är det din tro som till stor del avgör vad du gör eller inte gör och hur du kan nå resultat i livet. William James, den moderna psykologins fader, har sagt: "Om du tror att livet är värt att leva kommer din övertygelse att hjälpa dig att skapa detta faktum".

Han hävdade att en av vår tids största upptäckter är att människan kan förändra sin livs kvalitet genom att förändra sina tankar.

Kom ihåg att det undermedvetna inte kan skilja verklighet från fantasi. Fördelen med det är att du kan styra det genom att föreställa dig hur du skulle känna dig om du nådde ditt önskade resultat och därmed få det undermedvetna att tro att det faktiskt hänt i verkligheten och jobba mot en upprepning i den fysiska världen. Positiva tankar, ord, känslor, handlingar och resultat blir följden av en cykel av positiva vanor.

Baksidan, som du formodligen redan känner till, är att det undermedvetna på samma sätt kan upprätthålla en värld av smärta och fortsätta dra till sig mer av samma vara så länge du inte ifrågasätter dina antagande om världen.

Vi är omgivna av begränsningar och negativitet. Vi är omgivna av människor som tänker småskaligt och begränsar sig själva. Vi är omgivna av problem som vi kanske bara inbillar oss. Det är därför det är så lätt att bete sig som en bunde och börja betrakta sig som ett offer, någon som det bara händer saker med utan att han eller hon själv har något att säga till om. De negativa tankemönstren förstärker bara passiviteten.

Du kan börja vända den här utvecklingen redan här och nu – genom att aktivt byta perspektiv. Idag och hädanefter kan du använda dig av lagen om polaritet. Den lagen säger att allting som existerar har en motsats, annars kan inte existera. Om det finns upp måste det också finnas ner, Om det finns ett höger måste det finnas ett vänster, om något är varmt måste något annat vara kallt. om någonting är riktigt illa måste det också finnas någonting annat som är fantastiskt. Du kan använda den här lagen till din fördel. Inse att allt som kommer in i ditt liv bidrar till det du vill. När du växer som människa expanderar också din förmåga att ta emot i samma takt. Det främsta sättet att få utvecklingsprocessen att gå snabbare är att höja sin vibrationsfrekvens. Bästa sättet att göra det är i sin tur att ständigt omge sig med saker och ting som skänker styrka och kraft och undvika det som har en försvagande inverkan. Viljestyrka kommer och går, men vår omgivande miljö finns där omkring oss varje minut av varje dag. Därför är det viktigt att du omger dig sådant som fångar din uppmärksamhet, påminner dig om vart du är på väg och håller dig kvar på rätt spår.

Kom ihåg att allt är energi. Allt – från kläderna du har på dig till heminredningen där du bor och din bils allmäntillstånd är vibrerande energi som ständigt påverkar dig och drar dig framåt eller bakåt. Så se dig omkring och betrakta det du har skapat med nya ögon. Inte för att döma, utan bara för att få en djup erfarenhet. Kärleken som vi har så svårt att ens beskriva är livets ända sanna bestående erfarenhet. Den är motsatsen till rädslan, basen för våra relationer. Kreativitetens kärna, en benådad styrka, en väsentlig del av vårt jag. Den är källan till all glädje den energi som förenar oss och lever inom oss. Men trots sin styrka är kärleken undflyende. En del ägnar hela livet åt att söka efter kärlek. Vi oroar oss för att vi aldrig ska finna den, oroar oss för att vi ska förlora den om vi finner den, oroar oss för att vi ska ta den för given eller för att den inte ska bestå.

Vi tror att vi vet hur kärlek ser ut eftersom vi redan som barn gjorde oss bilder av den. Den vanligaste bild är det romantiska idealet: vi mötte en speciell person och känner oss plötsligt fullkomliga, allting är underbart och sedan lever vi lyckliga i alla våra dagar. Naturligtvis blir vi förtvivlade när verkligheten visar att vi måste fylla i de mindre romantiska detaljerna, när vi upptäcker att merparten av den kärlek vi skänker och får är villkorlig. Också den kärlek vi hyser till våra vänner och släktingar och den kärlek vi får av dem är fylld av förväntningar och villkor. Naturligtvis kan dessa förväntningar och villkor inte uppfyllas och verklighetens detaljer blir till trådar i mardrömmens väv. Vi hamnar i kärlekslösa relationer och vänskapsförhållanden. Vi vaknar ur våra romantiska illusioner till en värld utan den kärlek vi hoppades kunna få som barn. Som vuxna ser vi nu på kärleken med klar, realistisk och bitter blick.

Lyckligtvis är den sanna kärleken möjlig, vi kan uppleva den kärlek vi hoppades finna. Den finns, men inte i vårt vanliga sätt att se på kärleken. Den helhet vi söker finns här och nu, inom oss, i verkligheten. Vi behöver bara lära oss minnas.

De flesta av oss söker obetingad kärlek, kärlek som finns för att vi är till, inte för något vi gör eller inte gör. Om vi har tur, riktigt stor tur, kanske vi fått uppleva det några minuter under vår livstid. Sorgligt att säga är merparten av den kärlek vi möter i livet fylld av villkor.

Vi blir älskade för det vi gör för andra, för de pengar vi tjänar, för att vi är så roliga, för vårt sätt att sköta barnen eller hemmet och så vidare. Vi tycker det är svårt att älska människor bara som de är. Det är nästan som om vi söker skäl till att inte älska andra. Vi kan bara finna frid och lycka i kärleken när vi avstår från de villkor vi sätter upp för den kärlek vi ger varandra. Vanligen sätter vi upp de hårdaste villkoren för dem vi älskar mest. Vi har blivit väl indoktrinerade i den betingade kärleken – bokstavligen betingade – vilket gör att det är svårt att lära sig av med det. Som människor kan vi aldrig finna fullständigt ovillkorlig kärlek hos varandra, men vi kan hitta mer än de minuter vi vanligen får under vår livstid.

En av de få platser där vi kan finna ovillkorlig kärlek är hos våra barn när de är mycket unga. De bryr sig inte om hur vår dag varit, våra pengar eller våra prestationer. De bara älskar oss. Så småningom lär vi de att sätta villkor för sin kärlek i och med att vi belönar dem för att de ler, får bra betyg och är som vi vill att de ska vara. Men vi kan alltjämt lära oss mycket av barnens sätt att älska oss.Om vi bara älskade våra barn en liten aning mer ovillkorligt under en smula längre tid kanske vår värld skulle få ett helt annat utseende. De krav vi ställer för vår kärlek tynger ner våra relationer. När vi avstår från kraven kan vi finna kärlek i många former som vi aldrig trodde vara möjliga.

Ett av de största hindren för att ge ovillkorlig kärlek är vår rädsla för att kärleken inte ska återgäldas. Vi förstår inte att den känsla vi söker ligger i det vi ger, inte i det vi får.

Om vi mäter hur mycket kärlek vi får, kommer vi aldrig att känna oss älskade.I stället kommer vi att känna oss lurade. Inte för att vi faktiskt blivit det, utan för att mätningen inte är en kärleksfull handling. När man känner sig oälskad beror det inte på att man inte får någon kärlek, det beror på att man håller tillbaka sin kärlek.

När man grälar med människor man älskar tror man sig vara upprörd över något de gjort eller inte gjort.I själva verket är man upprörd för att man tillslutit sitt hjärta, hållit tillbaka sin kärlek. Man för aldrig reagera med att hålla inne med kärleken tills de andra skärper sig. Tänk om de inte gör det, om de aldrig förändras? Skulle du aldrig mer älska din mor, din vän, din bror? Men om du älskar de trots allt de gör kommer du att få se förändringar, du kommer att få se att universums kraft frigöras. Du kommer att få se deras hjärtan smälta och öppna sig.

För att öppna våra hjärtan igen måste vi vara öppna nog att se saker och ting annorlunda. När vi tillsluter våra hjärtan, när vi är intoleranta, beror det ofta på att vi inte vet hur den andre har det. Vi förstår dem inte, vi vet inte varför de inte besvarar våra samtal eller varför de är så högljudda, och därför låter vi bli att älska de. Vi har så nära till att känna oss sårade, att prata om vår smärta och hur orätt man gjord oss. Sanningen är att vi bedrar varandra genom att inte vara generösa med våra leende, vår förståelse och vår kärlek.

Alla har vi drömmar om kärlek, liv och äventyr. Men vi har tyvärr också fått lära oss mängder med skäl till att aldrig pröva på någonting. Dessa skäl tycks vara oss till skydd, men sanningen är att de stänger oss inne. Om vi har cykeltur att göra, människor att älska, så är det nu det ska göras.

Hur kan vi lära oss att älska oss själva? Det är en stor utmaning. De flesta av oss lärde sig aldrig att älska sig själva som barn. Vi fick oftast höra att det var något negativt att älska sig själv, att älska sig själv blandas ihop med självupptagenhet och egoism. De flesta av oss har aldrig fått kärlek. Vi har fått belöningar. Som barn lärde vi oss att vi skulle bli "älskade" om vi var artiga, fick bra betyg log mot mormor eller tvättade händerna ofta nog. Vi slet häcken av oss för att bli älskade utan att någonsin förstå att det var en villkorlig, och därför falsk kärlek. Hur ska vi någonsin få kärlek om vi hela tiden förväntar oss att vi ska bli godkända av andra? I stället borde vi börja med att ge näring åt våra själar, och hysa medkänsla med oss själva. När vi älskar oss själva fyller vi tillvaron med verksamhet som får oss att le. Det är saker som får hjärtat och själen att sjunga.

Det gäller också att visa medkänsla med sig själv, att vara lite hygglig mot sig själv. Många människor säger till sig själva att de är dumma, att de inte kan fatta hur de kunde göra så där, att de är idioter. Om någon andra gör ett misstag säger man: "bry dig inte om det, det händer alla, det betyder inte". När vi själva gör samma misstag betyder däremot att vi är värdelösa fiaskon. Låt oss träna på att vara lika snälla och förlåtande mot oss själva som vi är mot andra.

Den kraft vi har är vår medfödda gåva och sanna styrka. Utan att märka det händer det tyvärr ofta att vi bortse från den på en mängd olika sätt. Vi avstår från vår kraft när vi fäster avseende vid andra människors åsikter. För att återfå den måste du tänka på att det här är ditt liv. Det som betyder något är vad du tycker. Det står inte i din makt att göra andra lyckliga, men du har kraft att göra dig själv lycklig. Du kan inte påverka vad de ska tänka, faktum är att du kan knappt påverka deras tankar alls. Tänkt tillbaka på alla som du försökte tillgodose för tio år sedan. Var är de nu? Förmodligen ingår de inte i ditt liv idag. Om de gör det försöker förmodligen få deras godkännande. Sluta med det. Återta din styrka. Bilda din egen uppfattning om dig själv.

Vår styrka är ett hjälpmedel för att ge oss det vi önskar, för att låta oss bli allt vi kan bli.Vi måste förvekliga oss själva. Vår styrka skapar utrymme i våra liv – och för vår omgivning.Den styrka gör att vi gör det lättare för andra att vara starka, vi är starka nog att andra äran i stället för att ta åt oss själva. Detta slags styrka ger också inre kraft. När jag ser att du är stark hjälper det mig att urskilja min egen inre styrka. När jag uppfattar dig som en kärleksfull person kan jag inte låta bli att bemöta dig på samma sätt, och hittar den kärlek som finns inom mig. I sista hand är de ju så att det jag tänker om dig måste jag också tänka om själv. Om jag tror att du inte är ett offer, hjälper det mig förstå att inte jag heller är det. Det är en sorts nåd som låter denna godhet vidgas, att nå allt fler. Den tro vi hyser om andra ger oss styrka att tro för vår egen del.

Förmågan att ta emot är naturlig. Som spädbarn tar vi emot det vi får, och i normala fall är det också så barnet naturligt fortsätter att utvecklas. Organismen måste få näring för att kunna växa. Sedan, när vi blir äldre och intellektet utvecklas, inser vi att vi tar skada av att ta emot vissa saker. Att ta emot mat som är förstörd eller förgiftad skadar kroppen, att utsättas för förälders brist på kärlek skadar känslorna, och att leva med hatfylld indoktrinering skadar sinnet. Gradvis lär vi oss att det är inte meningsfullt att ta emot allt vi blir erbjudna, och utifrån det utvecklar vi ett omdöme.

I vår värld är mycket av det som erbjuds inte användbart och ofta är det potentiellt giftigt. När vi inser att komma till skada händer det att vi stänger av vår naturliga förmåga att ta emot. Så småningom gör vi den viktiga insikten att vara föräldrar och världen inte är så välvilliga som vi föreställde oss, och vår förmåga att oskuldsfullt öppna oss och känna tillit skadas.

Under uppväxten lär vi oss också att till och med våra vänner kan svika oss och ljuga för oss. Vi upplever dessutom vår egen förmåga att ljuga för våra vänner, män, fruar, lärare och regeringar. Vi upptäcker att våra egna tankar kan lura eller plåga oss – de går inte att lita på. Våra känslor kan undslippa vår kontroll. Och inte ens kroppen kan vi lita på – den snubblar och faller, den blir sjuk, den åldras och dör. Det sammantagna budskapet blir att vi inte kan lita på någon, att vi inte kan öppna oss. Att öppna sig är farligt och kan leda till att man blir sårad och med den övertygelsen utvecklas en stor intellektuell vaksamhet där vi försöker att samla information så att vi ska veta när är det tryggt att öppna sig, om det skulle uppstå en sådan situation. På grund av den rädslan har det mesta av vår mentala verksamhet att göra med att samla information, och oavsett hur mycket vi samlar på oss finns alltid mer. Vi söker upp lärare efter lärare, kurs efter kurs, bok efter bok, cd efter cd, i desperata försök att samla ihop den information som vi tror att vi behöver för att överleva. Och hela tiden hyser vi en stark underliggande längtan efter att bara öppna sig.

Kanske kan vi i ett ögonblick av nåd öppna oss för en partner, älskare eller lärare. vanan att sluta sig tar dock snabbt över igen på grund av våra medvetna eller omedvetna minnen av att öppenheten kan skada oss.

Jag menar inte man ska försöka öppna sig, försöka glömma det förflutna eller försöka ta emot. Det skapar bara ännu mer kamp. Det vi däremot kan göra är att helt enkelt lägga märke till när vi är öppna och när vi är slutna. Du kan iaktta de tillfällen när du är öppen och mottaglig och de stunder då du avvisar saker och ting av gammal vana. Var bara ärlig – inte som ett sätt att samla in ytterligare information utan som en väg till självkännedom. I samma stund som du öppnar dig upptäcker du att det du kämpat med inte längre finns kvar. Sann öppenhet avslöjar att kampen - problemet, monstren, demonerna, såret – i själva verket inte existerar. Vi är alla delar av den helhet som människosläktet utgör. När vi vet detta blir vi också medvetna om att även om vi ibland kan känna oss övergivna, är vi på en djupare nivå aldrig ensamma.

Vi kanske inte alltid minns att vi är besläktade med alla människor och allt liv under förgången och kommande tid. Vi känner det kanske inte alltid så, men inom oss, som frisk luft som väntar på att vi ska ta ett djupt andetag, finns kunskapen om att vi är förbundna med allt levande, att vi är inslag i en väv som sträcker sig långt utöver gränserna för vår varelse eller vår fattningsförmåga. Föreställ dig alltså att du är en del av denna väv och livsviktig för dess existens. Gör klart för dig att du är av betydelse precis som varenda tråd i en scarf är av betydelse. När vi sliter av en tråd i en vävd scarf påverkar det hela dess utseende och hållbarhet.

Tänk tillbaka på tillfällen då din medvetenhet om omgivningen var intensivare än vanligt. Kanske du var förälskad, såg ett barn födas, bevittnade en älskad människans död eller gick upp i naturen omkring dig. När man är kär verkar fågelsången magisk, människorna är vackra, en vindfläkt som stryker förbi ansiktet talar till alla sinnen och går som en våg genom kroppen. När en kvinna föder barn känner hon mitt i smärtan vördnad för skapelsen eller ett samband med alla kvinnor i alla tider. När man sitter hos någon av sin nära och kära som ligger döende, väller en inre värld av förståelse och medkänsla upp inom en. När man vandrar över en äng full av vilda blommor uppe i berget får man närkontakt med sin själ.

För in denna förhöjda medvetenhet i ditt dagliga liv genom att lägga märke till omgivningen och till exempel tänka på olika föremål och deras öden. Begrunda ett träbords historia. Tänk tillbaka på tiden då det var ett träd i skogen. Se på ådringen och följ linjerna, av vilka var och en betyder ett år, och tänk på hur trädet hela tiden stod på en och samma plats. Föreställ dig sedan hur det höggs ned, kördes till en såg, förvandlades till ett virke, fraktades till en möbelfabrik, sågades upp, limmades ihop och fin putsades. Tänk dig bordet på en lastbil och sedan i en butik, och tänk på människorna som passerar förbi och rör vid det. Kom sedan ihåg när det kom in i ditt liv. Det har en historia, det som vi.

Ett förhöjt medvetandetillstånd kommer när vi ser på något och sedan ser på det på nytt, och därefter slappnar av och går upp i just den stunden. När vi har förmågan att fängslas av enkla, vardagliga ting, kan vi sitta fridfullt i timtal på en parkbänk eller på flygplats, försjunkna i iakttagelser av människors skiftande hållning, gång och gester när de vandrar omkring, pratar och står stilla. Vi utvecklar förmågan att vänta tåligt när vi står i kö i livsmedelsbutiken därför att vi kan konsten att fascinerade och förundrade se på allt som omger oss.

Hos många människor väcker det skuldkänslor när de tillåter sig att ha roligt, eftersom de har fått lära sig att vara produktiva och få något gjort. Men det är faktiskt en fråga om definitioner. Det är produktivt att fridsamt njuta av livet. Det är nyttigt för hälsan. Du slappnar av lättare. Dina sinnen öppnas och förbindelsen med din inre visdom fördjupas.

Du har alltid varit fullkomligt ofullkomlig, och det kommer du alltid att förbli. Då och då kommer du att begå misstag, göra saker som du önskar att du inte gjort, längta efter sådant som du inte har. Du kan vara ärlig och lömsk, godhjärtad och hatfull, medkännande och grym. Men samtidigt är du fullkomlig som levande varelse. Du har anförtrotts ett liv som är ditt och som du ska vårda dig om, njuta av och lära av. Det finns ingen som är exakt lik dig. Det kommer heller aldrig att finnas din like.

Det är gott och väl att arbeta med sikte på framtida mål, men glöm inte att denna dag aldrig kommer tillbaka. Du har bara tjugofyra timmar på dig att njuta av den. Vänta inte till någon viss ålder med att bära de färger du tycker om, klä dig som du vill idag. Vänta inte tills du blivit pensionär med att bosätta dig i någon vacker trakt, försök komma på en möjlighet att flytta nu. När vi lever vårt liv i enlighet med våra drömmar, blir det lätt att heja på andra som gör det. När vi inte gör det, händer det lätt att vi blir magsura, negativa eller avundsjuka då andra bryter sig ut och följer sitt hjärtas längtan.

Affirmationer fungerar om du uttalar dem tillräckligt ofta. Principen bakom affirmationer är att lätt energi tränger undan tätt, kompakt energi. Den kompakta energin uppstår när negativa, självförstörande tankar skapas, och lätt energi uppstår negativa tankar ersätts, med tankar som bekräftar ditt eget värde och hjälper dig att kontrollera över ditt liv och gå framåt. Lägg till rörelse för att ge en affirmation ökad energi. Du kan dansa den, sjunga den, trumma den, hitta på en rytm som passar ihop med den, springa och säga den medan du trycker på en varvräknare. Gör vad som helst som kan mata in budskapet i din hjärna via så många kanaler som möjligt. Men ge inte upp om det inte lyckas alldeles genast. Det krävs många upprepningar för att övervinna gamla kompakta tankemönster.

Har du någonsin träffat någon och känn dig upplyft, stärkt och lycklig bara av att vara i den personens närhet? Har du någonsin träffat en människa och upplevt en ögonblicklig, negativ reaktion nästan av illamående, särskilt om hon eller han rört vid dig? Det du känner är deras energi som tränger in i dig.

När vi är mottagliga för energi utifrån och litar på våra intryck stärker det oss och ökar vår förmåga, eftersom det ger oss mycket mer rikhaltig information om människor och situationer. Tiden då vi strävade efter att få grepp om våra resurser är över. Vi har dem här. Historien är fylld med försök att finna sanningen och skymta vår potential. Nu är det slutligen dags, och den nya utmaningen består i att göra bruk av den. Det är som om vi har sätt oss om efter den rätta bilen och nu har vi den. Vår nya uppgift består i att starta den och börja köra. I det förflutna bestod själens vanligaste önskan i att finna gud, men idag är det vår själs önskan att föra gud in i denna värld.

Ingen mödosam väg leder till målet. Våra möjligheter finns precis här. För att få tillgång till dem måste vi släppa föråldrade uppfattningar och vanor från forna tider. Eftersom slöjan har lyfts upp och vi nu kan utnyttja vår inre potential, kan den uppgiften nu helt enkelt lösas genom att vi minns och beter oss som om vi har denna nya förmåga. Så enkelt är det.

Hemligheten när det gäller att väcka din inre potential består i att handla och reagera på livet som om du faktiskt har denna nya förmåga. Om du väntar på att någon bevisa det för dig eller göra det åt dig, leder den handlingen bara till att du förlorar kontakten med dina inre resurser.

Att finna dem kräver bokstavligt talat ett stort steg när det gäller trosvisshet. Det språnget behöver inte innebära en oerhörd risk, även om det kan kännas så. Det som håller oss tillbaka är minnena av alla de gånger då vi ville ha mer och misslyckades.Då vi beslöt att genomföra en förändring i det förflutna och drabbades av ett fiasko eller ett bakslag,var det svårt att fortsätta med våra försök. Motgången hindrar oss från att pröva på nytt. I och med att vi om och om igen blev besvikna och missnöjda, tröttade våra egna och andras nederlag gradvis ut oss. Vi trodde att livet hade sina begränsningar och accepterade dem. Detta sätt att se var riktigt tidigare, men nu är det föråldrat. För att kunna släppa det förflutna måste vi medvetet handla som om våra tidigare övertygelser har begränsad räckvidd och följaktligen inte längre är riktiga eller till nytta för oss.

Att handla som om något är möjligt är som att låtsas. Men för att du ska kunna göra dig fri från dina övertygelser är första steget att låtsas något annat är sant och sedan se om det verkligen är det. Du kan lugnt vara tveksam så länge du bara fortsätter och handlar som om något är möjligt. Visst riskerar du att misslyckas igen, men det är också möjligt att du når nya framgångar.

De nya möjligheter som män och kvinnor av idag har att förverkliga sina drömmar, är rent mirakulösa. Denna plötsliga och fullständiga omsvängning i fråga om potential är lika genomgripande som förvandlingen från kokande vatten till ånga eller övergången från natt till dag. På måndagen är vi fattiga och på tisdagen för vi ett oväntat brev som innehåller en check på några miljoner. Den enda haken är att vi är tvungna att läsa vår post. Om vi inte öppnar brevet, löser in checken och börjar använda pengarna, förblir vi fattiga. För att börja utnyttja våra nya tillgångar måste vi aktivt skaffa oss en ny infallsvinkel på livet.

Kapitel 2 - Arbete

Hela vår nuvarande inställning bygger på vår gamla potential. För att göra verklighet av våra nya möjligheter måste vi inse att så gott som hela vårt tidigare sätt att tänka håller oss tillbaka. Även om det var effektivt i det förflutna kan det inte ge oss tillgång till vår nyfunna förmåga. Lyckligtvis är det inte svårt att få grepp om den. Allt som krävs är att vi är medvetna om vad vi har, och några enkla upplysningar om hur vi kommer åt det, och plötsligt träder det fram och förverkligas. Det är inget överraskning att den nya generationen, som inte i så hög grad tyngs av gamla tankebanor, har gått framåt med stor steg när det gäller förmågan att tjäna pengar. Det är dags att sluta krypa och resa sig upp och gå. Det är dags att släppa vårt föregående sätt att tänka. Våra gamla ställningstaganden är främst byggda på våra tidigare upplevelser. I och med att vi skapar nya erfarenheter kan vi börja ändra på det som begränsar våra möjligheter. När du omedelbart börjar erfara din nya förmåga försvinner begränsningarna. Med denna förändring öppnar du vägen till att kunna utnyttja förmågan att skapa praktiska mirakel varje dag. Eftersom tidpunkten nu är den rätta kan du lyckas om du försöker på nytt, hur gammal du än är. Du kan öka din framgång bygga bestående kärlek och börja skapa strålande hälsa.

Livet är inte betungande när man har självförtroende och kan stå på egna ben. I och med att du direkt upplever din inre makt att skapa mirakel, finner du en reservoar av inre styrka. Då du utnyttjar den styrkan ökar din förmåga att åstadkomma praktiska mirakel. Om vi har självförtroende och livet ställer oss inför stora problem är de inte längre enorma bördor. I stället blir stora problem stora utmaningar som manar fram mera av det som är storslaget hos dig. När vi upplever ett problem som en börda eller det leder till att vi stänger våra hjärtan är det en signal att vi har brutit kontakten med vår verkliga förmåga. Det äe en signal att vi bör koncentrera oss på att återknyta till våra inre resurser innan vi försöker att ändra på yttervärlden. Det är dags att förlåta och släppa det gamla, så att du kan träda in i nuet och göra det bästa av en situation. När vi har kontakt med vårt sanna, nuvarande jag, känner vi alltid i någon mån frid, glädje, självförtroende eller kärlek. Dessa positiva känslor börjar alltid dyka upp när vi släpper det förflutna och inriktar oss på vad vi kan göra nu för att skapa en bättre framtid. När vi återvänder till oss själva i nuett genom att lämna gammal smärta bakom oss, börjar vi i växande grad uppleva den frid och glädje och det självförtroende och den kärlek som vi alltid bär inom oss.

När livet blir fullt av upprörda känslor och vi inte snabbt kan släppa vårt smärta är det ett tecken på att vi tillfälligt bör glömma den aktuella svårigheten och lösa det viktigaste problemet. Vi måste först avlägsna blockeringen inom oss själva och återuppleva vår förmåga att frambringa en äkta, positiv inställning som avspeglar vårt sanna jag och vår makt. När vi lider känslomässigt beror det oftast på att vi helt enkelt har glömt bort att vilken omständighet som helst kan bli början till ytterligare utveckling. Att förlåta andra innebär en praktisk fördel för oss, eftersom det befriar oss från att klamra oss fast vid smärta som någon annan orsakat oss. När körkortet dras in är detta inte ett straff utan skydd för andra till dess att personen lär sig köra. Att vi avstår från att straffa ger oss och samhället möjligheten att rehabilitera den som handlat fel, i stället för att förvärra problemet.

När vi reagerar på andras misstag och dåliga handlingar i avsikt att straffa, ta ifrån någon något, ge igen efter på någon att känna skuld, är det inte bara smärtsamt för dem utan det binder oss också vid det förflutna. Det tjänar inte något gott ändamål. Efter en bestraffning försvarar vi att vi, med avsikt orsakat någon lidande, genom att förstora den smärtan som personen orsakat oss och vi håller liv i den i stället för att släppa den.

Att förlåta är det samma som att efterskänka den skuld som någon har till oss. När vi förlåter vinner han eller hon och vi vinner också. Genom att släppa taget blir vi fria att leva i ögonblicket och börja om igen för att göra det bästa möjliga av det som har hänt och gå vidare. För att kunna fokusera på det vi mist eller smärtan som vi utsatts för, tvingas vi än en gång att leva i det förflutna. Det är fint att minnas det förflutna och lära av det, men att vi klamrar oss fast vid den tid som gått begränsar vår förmåga att skapa vår framtid. Genom att envisas tillåter du någon annan att fortsätta forma den.

Om din tro inte är tillräckligt stark för att du ska ta risker att lämna det som känns bekvämt för dig för att sätta din nya skaparkraft på prov får du aldrig veta att du har den. Om du inte tror att förändring är möjlig försöker du aldrig. Om du inte börjar utnyttja din inre potential kan den aldrig utvecklas och växa. Den extra energi som vi behöver för att skapa mirakel finns inte bara i maten som vi äter. Den omger oss i naturen, men de flesta av oss vet inte hur de ska komma åt den. När vi känner oss uppiggade och föryngrade av att promenera i en park, simma i havet eller tillbringa en kväll vid brasan, upplever vi den goda verkan av naturlig energi.

I och med att du lär dig den enkla tekniken vid uppladdning, kan du också lära dig att dra till dig denna energi mer effektivt och efter behag ur frisk luft, eld, vatten, jord och blommor, och från naturen i allmänhet. Att få kontakt med de naturliga elementen friskar bara inte upp vår själ utan också kropp och hjärta. Det är bokstavligt talat en helande upplevelse att stanna till och lukta på blommorna.

När du är inspirerad, lycklig eller stimulerad upplever du vad ett fritt, naturligt energiflöde kan ge. När du är stressade, pressad, orolig eller ledsen upplever du de symptom som en blockering av den naturliga energin medför. Större medvetenhet om ren, naturlig energi ger dig möjlighet att kontrollera den, så att du, när du drabbas av stress, snabbt kan återgå till att känna den strömma inom dig.

I och med att du förstår vilka orsaker som ligger bakom att människor blir sjuka, kan du lära dig hur du ska bibehålla strålande hälsa tillsammans med den styrka och stabilitet som krävs för att skapa växande framgång och bestående kärlek. Med klar insikt om hur du själv har bidragit till dina begränsningar kan du sedan börja genomföra en positiv förändring.

För att du ska kunna utnyttja din kraft att skapa mirakel, är det ytterst viktigt att du ger dig själv lov att vilja ha mera och glädjas åt det. Ge dig själv tillåtelse att utforska alla dina önskningar och behov. Du måste festa som om du har obegränsade möjligheter. Ta risker, gör vad du vill. Lita inte på mig eller någon annan. Kom själv underfund med vad som är sant och riktigt för dig.

I varje ögonblick ställs vi alltid inför miljoner möjligheter att få det som vi behöver. I och med att vi släpper vår fixering vid ohälsosamma födoämnen och vårt beroende av dem, njuter vi bokstavligt talat av nyttiga mat och vill ha mer av det. Detta gäller på alla områden i livet. I stället för att fångas av den blindhet som begränsade alternativ skapar, kan vi med litet övning börja öppna våra ögon för dem gränslösa möjligheter som existerar för oss.

Många människor klagar över att de inte fick det stöd som de behövde under barndomen. I stället för att förbli offer för vårt förflutna kan vi ändra på hur vår personliga historia påverkar oss, så att den stöttar oss i stället för att hindra oss. För att kunna göra oss fria från de delar av det förflutna som drar upp gränser för oss, måste vi först förstå hur vårt förflutna kan vara till hjälp för oss. En negativ upplevelse kan inte utplånas direkt, men den kan ersättas av en positiv.

Om vi var älskade när vi var barn, kom vi fram till att vi var värda att älskas. Detta lägger grunden till ökat självförtroende, förmågan att förlåta sig själv och många andra fina egenskaper. Denna förmåga att älska oss själva finns redan inom oss, men den utlöses av våra föräldrars stöd och omsorg. Om vi inte fick denna hjälp som barn slutar det med att vi gör en mängd val i livet utan denna livsviktiga insikt.

Längre fram i livet upphäver vi faktiskt verkan av det förflutna genom att ta upp frågan "Tänk om vi verkligen fått det stöd vi saknat?" Genom att undersöka "Tänk om" ger vi oss själva möjligheten att utlösa och väcka vår kärlek till jaget. I och med att vi tar kontakt med vårt sanna jag, som undertrycktes i det förflutna, kan vi sedan utnyttja vårt tidigare liv till hjälp för oss.

Låt oss säga att du har svårt att förlåta andra.Genom att gå bakåt i tiden och minnas misstag som dina föräldrar begått och fråga dig själv: "Tänk om de skulle be om ursäkt och uppföra sig bättre?" Då börjar du i allt högre grad att förlåta dem. I och med detta blir det mycket enklare att förlåta andra och dig själv i nuet. Det kan vara mycket nyttigt att se på vårt förflutna och minnas smärta i det förgångna, när vi gör det i samband med att vi utnyttjar minnena för att må bättre och inte sämre.

Det är absolut nödvändigt att vara specifik och detaljerad när du beskriver intentioner. Annars kommer livet inte att veta exakt vad det är som önskas och du kommer att slösa bort mycket dyrbar tid i onödan på att titta på saker som inte riktigt stämmer överens med själva visionen. När du blir helt klar är det mycket sannolikt att universum kommer att manifestera din vision inom en någorlunda rimlig tidsperiod, och du kommer att ha mycket lättare för att känna igen den när den kommer till dig.

Om ett hus med fyra sovrum är en del av det du har föreställt dig behöver livet veta specifikt vilket slags hus du behöver. För att livet ska kunna leda dig till det behöver du vara kristallklar, mycket detaljerad och mycket grundlig i din beskrivning. Sanningen är att det finns miljontals hus med fyra sovrum i världen, men troligen bara en handfull som motsvarar dina behov och önskemål.

Hur vill du att rummen ska se ut? Hur stora är de? Hur stora är fönstren? Vilket slags utsikt har du från dem? Hur stor är tomten? Hur ser trädgården ut? Om du har barn, vilket slags skola vill du att de ska gå i? Hur vill du området där ni bor ska kännas? Vilket slags grannar vill du ha? Hur lång från arbetet ska huset ligga? Hur vill du och din familj känna er när ni är hemma ? Hur vill du att andra ska känna sig när de besöker er? Vad är din högsta tänkbara kostnad? När vill du flytta in? När du beskriver alla detaljerna tillför du massor av energi och fokus till visioner och det gör att du kan känna dig klar över vad du söker när du aktivt ger dig ut för att söka efter det.

När du väl har gjort en detaljerad beskrivning av din vision av alla intentioner som universum har för ditt liv behöver du göra färdigt arbete med dina intentioner, processen med att få fram hela din vision. Hittills har du bara affirmerat, visualiserat, bett och skrivit ner vad du vill dra till dig eller attrahera i ditt liv. Nu behöver du göra klart hela manifestationsbilden genom att skriva ner hur du vill upprätthålla och expandera det överflöd som du har manifesterat, och sedan utarbeta hur du ska låta överflödet strömma tillbaka ut till livet.

Skriv överst på en tom sida: "Hur vill jag bevara mitt överflöd och få det att växa och expandera?" Upprepa sedan hela den visionsprocess du gjorde tidigare och låt svaren på den här frågan strömma ner på sidan. Om du har dragit till dig en bil, hur ska du sköta den och ta hand om den? Om du har dragit till dig en ny partner, vad du ska göra för att få relationen att växa och blomstra? Om du har fått ett nytt arbete hur ska du växa och utvecklas i ditt yrke? Om du har lärt nya färdigheter hur ska du finslippa och utöva dem? Om du har välsignat med barn, hur ska du ta hand om dem och vägleda dem så att de kan frodas och utvecklas? Hur ska du investera i dig själv och din egen utveckling?

Låt alla de sätt på vilka du kommer att värdesätta, ta hand om och expandera överflödet i ditt liv strömma ner på sidan. Gör beskrivningen så verklig och detaljerad som möjligt. Det gör visionen levande och ger dina intentioner verklig kraft. När du har skrivit ner i detalj hur du ska ta hand om och expandera överflödet i ditt liv är det dags att fråga dig hur du ska låta det strömma tillbaka ut i livet på ett positivt sätt.Kan du bjuda in dina vänner och bekanta till ditt hem eller låta en vän eller släkting bo där när du inta är hemma? Kan du ge en granne skjuts till jobbet? Kanske har du färdigheter som du kan lära andra genom att exempelvis vara idrottsledare för ungdomar eller fungera som mentor för en ung och nyanställd person på arbetet. Om du har en särskild talang kan du till exempel ge bort en målning eller erbjuda dig att sjunga eller dansa för en välgörenhetsorganisation. Om du exempelvis är kunnig i healing, att läsa och skriva eller att hantera datorer, kan du erbjuda dig att lära ut det du kan till någon som inte har råd att gå en kurs. När du ändå bakar en paj, gör två och ge bort den ena till en granne. Gå regelbundet igenom din garderob och ge bort alla kläder du inte använder eller inte verkligen tycker om. Om du ska på semester, ta med dig en vän eller släkting. Det finns så många sätt att ge tillbaka det överflöd som livet har välsignat med.

Allting i livet är en gåva som du kan dela med dig av, och när du låter ditt överflöd strömma ut i livet kommer du att upptäcka att det öppnar dörrarna så att ännu mer kan strömma in i ditt liv. Livet är ett ständigt flöde av äkta välstånd och rikedom. Och ju mer precis du är när du önskar dig något, desto mer troligt är det att det förverkligas på det mest underbara, oväntade och magiska sätt.

Gå nu igenom alla dina intentioner för vad du vill manifestera och skriv ner en tidpunkt eller ett datum bredvid var och en av de viktigaste sakerna samtidigt som du fortsätter vara vidöppen i ditt välståndsmedvetande. Se framför dig att universum säger: "Till det här datumet eller snabbare". Den här processen gör dina intentioner ännu mer konkreta och talar om för livet att det du har beskrivit inte bara är en förutsättningslös önskelista utan en konkret vision med specifika tidsramar. När du skriver ner dina intentioner är det av största vikt att du i detalj beskriver exakt vad är det du vill ha. Livet kan manifestera allt det som det skriver ner genom dig. om du oavsiktligt utelämnar en viktig del av din vision kan det bli så att du manifesterar exakt det du har skrivit i stället för den fullständiga visionen du hade.

När du har gjort klart en detaljerad och noggrann vision och intention behöver du vara öppen för att låta dem leda dig till medveten handling. Du kan inte bara sitta hemma och vänta dig att överflödet ska komma till dig. Du måste ge dig ut i världen och hela tiden aktivt men utan ansträngning handla på det sätt som du känner dig inspirerad att göra. Du måste vara villig att spela en aktiv roll i att förverkliga dina intentioner. Det som gav upphov till drömmen och önskan är samma närvaro som skapar förverkligandet av den. Det är inte din uppgift att manifestera någonting. Din uppgift är helt enkelt att vara vidöppen i en ocean av tillit och låta dig vägledas vart som helst i världen där detta överflöd finns.

Kärleken är av naturen generös, allomfattande och accepterande. Att bli medveten om ditt innersta väsen är att inse att den kärlek du är genomsyrar allt liv. Den är livet, och du är den. Det är kärleken som ger upphov till medvetna handlingar, och den leder dig till ett sunt välstånd och överflöd. I själva verket är kärlek överflöd. Att vara en del av manifestationens dans blir till en ständigt pågående välsignelse för alla omkring dig, för livet självt. Dina handlingar är det naturliga uttrycket för kärlek, och ditt arbete är kärleken synliggjord.

Den här kärleken är som ett kall, en inbjudan till oss alla att besluta oss för att det är dags att vakna. Dags att göra vår del, att vara en del av skapelsens allomfattande, samskapande dans. Kärleken vill använda dig och den vill använda allt det du är i ditt innersta väsen för att bidra till livet. För att omfamna livet, för att vara en del av den medvetande förändring som vår jord så väl behöver.

Vi befinner oss vid en tidpunkt i historien då vi inte längre kan förneka denna kallelse. Vi kan inte låtsas att vi inte känner den. Vi befinner oss vid en tidpunkt då vi blir ombedda att använda de redskap som livet förser oss med att frigöra oss själva och öppna oss för ett medvetet välstånd och överflöd på alla nivåer av oss själva.

När vi glömmer vår sanna natur blir vi som förlamade av rädsla och vi reagerar på varje ny kris eller utmaning genom att stänga av och förlora oss i ovisshet eller förnekande. Vi sätter lock på oss själva och vår värld krymper och vi gör oss kraftlösa och maktlösa. I och med det har vi inte full tillgång till vår inneboende storhet eller vårt inneboende kreativa geni och de inspirerade handlingar som vi alla har tillgång till när vi lever i öppenhet och hälsa. Vår medvetenhet förstärker den rädsla som för närvarande har sitt grepp om vår värld och vi blir en del av problemet i stället för en del av lösningen. Men trots vårt destruktiva inlärda sätt att reagera på livets krav, finns det en djupare del av oss som vet att det finns en annan väg framåt, en möjlighet till något större. Någonstans inom oss finns en vetskap om att vi förtjänar att leva ett verkligt meningsfullt liv i äkta rikedom och överflöd och att detta är något vi kan omfamna i våra egna liv. Detta högre syfte kallar på oss. Det utövar en stillsam och samtidigt fängslande dragningskraft på oss som öppnar dörrar till nya möjligheter, och det går inte att bortse från.

Kapitel 3 - Framgång

De flesta människor tror nämligen att resultat är beroende på omständigheter och att framgång bygger på tillfälligheter och tur. Varför vissa människor blir framgångsrika och andra inte. Underskatta inte dina tankar. Allt börjar med en tanke och det är tankarna som skapar framgång. En av de vanligaste orsakerna till att man misslyckas, är att man ger upp när man drabbas av tillfälliga motgångar.

När rikedomarna kommer, kommer de med sådan fart och, sådant överflöd, att man undrar var de har hållit sig gömda alla dessa tomma år. Rikedomen börjar med en tanke, ett tanketillstånd. Med en målsättning och en beslutsamhet, utan hårt arbete. Du borde vara intresserad av hur du kommer i ett sådant tanketillstånd att rikedomar dras till dig. Framgång kommer till den som är framgångsmedvetna. Man måste ha en brinnande önskan, en obetvinglig vilja i sitt sinne att vilja bli förmögen, så att man sedan kan börja planera hur man skall lyckas. De planer man sedan bestämt sig för skall man inte svika, utan envist hålla fast vid tills man når sitt mål. Alla som lyckas i livet börjar med en dålig start och går igenom med radsvårigheter innan de är framme. Du har mycket att vinna genom att påverka ditt undermedvetna i positiv riktning genom att föda det undermedvetna med impulser som visar att du har en vilja och en önska efter något speciellt. Din vilja och din tro är det som påverkar ditt undermedvetna att handla på olika sätt.

För att kunna lura det undermedvetna kan du uppträda i tankarna som om du redan hade fått det du önskar. Det undermedvetna kommer då att förverkliga din vilja på det praktiska sättet som går, genom att övertyga dig om hur det hela skall gå till. Det undermedvetna skiljer inte på positiva och negativa tankar. Det arbetar med material vi matar i medvetandet via våra tanke impulser.

Om du tänker du är besegrad så är du det. Om du tänker att du inte vågar, så vågar du inte. Om du tänker du förlorar, så är du förlorad.

Det är i sinnet det hela sker. Dra dig tillbaka till en plats, till exempel sängen, där du får vara ostörd, blunda och upprepa för dig själv om din önskan, när du skall ha fått vad du vill ha. När du upprepar orden för dig själv, intala dig själv med övertygelse att du redan har lyckats. Tänk dig att du skall ha 45 miljoner före den första maj om ett år. Upprepa detta morgon och kväll tills du kan se pengarna du skall skaffa för ditt inre. Läs det strax innan du går och lägger dig och likaså när du vaknar.

När du tänker på något som du vill ha, växer sig dessa tankar större och större och starkare. När du tänker på något som du inte vill ha, börjar även de tankarna växa sig större och större. När glädjen är verkligt viktigt för dig tillåter du dig inte att fokusera på sådant som inte känns bra – och resultatet av att uteslutande tänka tankar som känns bra blir att du skapar ett underbart liv fyllt med allt du önskar dig.

Nyckeln till ett lyckligt liv är att medvetet styra tankarna, men önskan att känna glädje är det bästa planen av alla...För när man strävar efter glädje finner man de tankar som attraherar det underbara liv man vill ha. När du vill förstärka välbefinnandet till exempel perfekt hälsa, börja då med affirmationen "Jag vill ha perfekt hälsa! Jag tycker om att må bra. Jag njuter av den sköna hälsan i min kropp. Jag har många positiva minnen av att känna mig frisk och stark."

Jag vill få ekonomisk framgång. Det finns så många fantastiska, lätt tillgängliga saker i vår underbara värld och ett ekonomiskt välstånd öppnar dörren till många av dem. Jag har bestämt mig för att först och främst fokusera på det överflöd som är möjligt, eftersom jag förstår att det bara är en fråga om tid innan mina tankar på välstånd matchas av ett flöde av ekonomisk framgång.

Jag vill ha underbara relationer. Jag uppskattar verkligen trevliga, smarta, roliga, handlingskraftiga och stimulerade människor och jag älskar att veta att det finns fullt av dem på den här planeten.

De som pratar mest om sjukdomar drabbas av fler och fler åkommor. De som talar mest om fattigdom får uppleva mer av den, medan de som talar välstånd får mer av det. När du inser att dina tankar är magnetiska och din uppmärksamhet på dem får dem att växa i styrka till dess att ämnet för tankarna med tiden blir ämnet för din upplevelse.Då kan din vilja att rikta uppmärksamheten mot det du känner hjälpa dig att välja riktning på dina tankar mer medvetet.

Anledningen till att du inte redan har fått det du önskat dig är att du håller dig kvar i en vibrationsmönster som inte matchar vibrationen hos din önskan. Det är den ända anledningen någonsin. En sak som är viktig för dig att förstå är att om du stannar upp och tänker efter, eller en viktigare, stannar upp känner efter, kan du identifiera disharmonin inom dig.

Det ända du därför behöver göra nu är att försiktigt och gradvis, steg för steg släppa iväg de tankar som gör motstånd, vilka är det enda som kan förhindra tillåtelse.Dina växande lättnadskänslor kommer att visa att du befriar dig från motstånd, precis som känslor av tilltagande vrede, frustration, och så vidare, har varit signaler om att du har byggt upp ditt motstånd.

Varje gång du uppskattar något, varje gång något känns bra, förmedlar du till universum "Mer sådant tack". Du behöver aldrig formulera dessa avsikter verbalt och om du får det mesta befinner dig i ett tillstånd av uppskattning kommer alla goda ting att flöda till dig.

En önskan att känna uppskattning är ett mycket bra första steg och allteftersom du hittar fler saker som du skulle vilja tackar för, ökar dess inneboende energi snabbt. Då du vill känna uppskattning drar du också till dig något att uppskatta. Ett exempel : jag älskar min bil. Den här nya motorvägen är utmärkt. Visserligen regnar det, men jag har gott om tid på mig. Det är verkligen skönt att bilen är så pålitlig. Jag är så tacksam för mitt jobb.

När du koncentrerar dig på att uppskatta, då kommer uppskattningen tillbaka till dig. Du är egentligen inte ute efter att få uppskattning att komma till dig: du vill åt känslan av att den flödar genom dig. Livet handlar inte om imorgon, utan om nuet. Livet handlar om hur du formar energi just nu. När du visualiserar har du fullständig kontroll. Föreställ dig att du sitter i din stol och att bredvid din stol finns en ask, en ganska stor ask. Du vet att du är en skapare och att asken är din skapelse, den är, så att säga din värld. Du är som en jätte med förmågan att sträcka ut handen vart som helst i universum och plocka upp vad du vill och släppa ner det i asken.

Likt en magnet drar du till dig tankar, människor, händelser, livsstilar – allt som du lever i. Så när du ser saker och ting som de är, attraherar du mer av samma sort. När du däremot ser saker och ting som du skulle vilja att de var, attraherar du dem på det sättet. Det är därför det blir bättre ju bättre det blir, eller sämre ju sämre det blir – folk har en tendens att se i huvudsak på det som är.

När du väl har bestämt dig, tänk uteslutande på det du har bestämt dig för. Du kommer att tillbringa den mesta tiden med att samla in data som kan hjälpa dig att besluta vad det är du vill ha. Ditt verkliga arbete är att bestämma vad du vill och sedan fokusera på det, för det är genom att fokusera på det du vill ha som du attraherar det.

Här är ett bredare exempel… Jag tycker om att vara framgångsrik. Jag mår mycket bra. jag betraktar mig som ett slags paketlösning, som jag vet att jag själv har skapat och som jag själv definitivt har valt. Jag är full av energi. Jag ser mig själv attrahera enbart sådant som befinner sig i harmoni med min nuvarande avsikt. Jag blir alltmer medveten om vad jag önskar mig. Jag inser att jag är obegränsad i alla aspekter av mitt liv. Jag har obegränsad med pengar på banken. Jag upplever inte några ekonomiska begränsningar. Jag vet att jag är en magnet som drar till mig den nivå av välstånd, hälsa och relationer som jag själv väljer. Jag väljer beslut om varaktigt överflöd, för jag förstår att det inte finns några gränser för universums rikedomar. Det finns ett obegränsad tillfälle av pengar och välstånd av allas slag tillgängligt för mig. Jag ser mig själv i perfekt hälsa, i absolut välstånd.

Då du inleder dessa affirmationer / visualiseringar med positiva känslor,tar in specifika aspekter av livserfarenheter som tilltalar dig och sedan visualiserar dessa saker mer i detalj, kommer ditt liv att återspegla de bilder du har skapat. Det här är ett kraftfull verktyg som kan hjälpa dig att skapa det perfekta livet åt dig själv.

Varje tanke du har valt som matchar sjukdom känns negativ när du tänker den. Den känns som vrede, frustration, motvilja, förebråelse, skuld eller rädsla...Sådana tankar är inte bra för dig och du kan själv avgöra att de inte är bra för dig genom att de känns negativa när du tänker dem. På samma sätt som det gör ont att röra vid och känna hetta från en het spis, gör det ont att uppleva negativa känslor.

Det finns fler skäl till att välbefinnandet inte strömmar in i din erfarenhet exakt på det sätt som du har identifierat att du vill ha det, än det faktum att du är på dåligt humör, arg eller oroad över något.

De flesta av oss tränar inte vår förmåga att fantisera särskilt mycket. Universum svarar på tankar du sänder ut och inte på ditt rådande varande tillstånd. Så om du ägnar din uppmärksamhet enbart åt din rådande existens kommer framtiden alltså att se i stort sett likadan ut. Om du däremot ger fokuserad uppmärksamhet åt de underbara, expanderade idéer som väcks hos dig, då kommer universum att svara på de tankarna. Varje tanke du ofta återkommer till kallas en övertygelse. Många av dina övertygelser tjänar dig oerhört väl: tankar som harmonierar med kunskapen hos dig och tankar som stämmer överens med de önskningar du har. En del övertygelser tjänar dig däremot inte väl. Tankar angående din egen otillräcklighet eller ovärdighet.

Om du avsiktligt väljer dina tankar, kan du med tiden ersätta alla hindrande övertygelser med livgivande övertygelser. Blunda nu, slappna av och andas. Dra långsamt in luft i lungorna och njut sedan av känslan att släppa ut luften ingen. Du märker att det är lättare att stilla sinnet om du väljer små tankar som inte har potentialen att växa till något intressant. Du kan fokusera på din andning. Du kan tyst räkna dina andetag, in och ut. Du kan lyssna till en droppande kran...Genom att välja en stillsam, odramatisk tanke kan du lämna alla tankar på motstånd bakom dig.

Människorkroppen är ett fält av levande information, med feedback – slingor som är i konstant verksamhet. Denna levande information är också vad vi kan kalla ett oändligt korrelationsfält, vilket innebär att det kan göra en oändlig mängd saker på samma gång och samtidigt koordinera alla aktiviteter med varandra. En människokropp kan döda bakterier, spela piano, smälta föda, göra sig av med toxiner, skapa ett filosofiskt system och tillverka en baby på samma gång. Ändå är detta bara början. Människokroppen existerar inte isolerad, utan som del av ett större levande informationsfält som vi kallar jorden.Jorden är i sin tur del av ett ännu större informationsfält som innefattar universum. Naturen är ett kontinum, i vilket vi inte kan särskilja, människokroppen från de kosmiska kroppen, även om våra sinnensintryck betingar oss att dagligen göra det.

På samma sätt som varje flod måste ha en källa, så är detta kroppens flöde av molekyler eller atomer resultatet av vibrationer i ett energifält. Energifältet blir kroppens molekyler. Om du till exempel vill titta närmare på en atom, materians grundenhet, ser du att den är byggd av ett flertal elementarparticklar som virvlar runt men med otrolig fart genom jättelika tomrom. Dessa partiklar tycks dyka upp ur ett fullständigt tom fält: de dyker upp, återstudsar, kolliderar, tycks sedan försvinna tillbaka i tomheten. De finns bara under ett ögonblick. Och när vi fixerar dem under ett ögonblicks iakttagelse så ter de sig för oss som materia, men egentligen är de helt enkelt av energi och information.

Både materia och energi är uttryck för en djupare verklighet. Denna djupare verklighet är ett fält som innehåller alla möjliga tillstånd av materia, information och energi, allt i form av ren potential. De är med andra ord, omanifesta. De finns där bara som möjligheter, som ännu inte differentierats och uttrycker sig någon mätbar form. Din fysiska kropp är alltså en mask bakom vilken döljer sig en kvantmekanisk kropp. Denna får sitt liv från en underliggande källa, som på ett mycket välordnat sätt orkestrerar av energi och information vilka formellt tar sig uttryck som din fysiska kropp. När vi tänker på kroppen i de här banorna framstår föreställningen att den är ett fixerat oföränderligt objekt, inte bara felaktig utan också obegränsade. Inom den nya föreställningen framträder den kvantmekaniska kroppen som bestående av intelligensmönster, informationsfält, levande information som vi kallar intelligens.

Även om vi uppfattar tankar,känslor och önskningar som icke – materiella och kroppen som materiell, är båda företeelserna manifestationer av samma intelligensfält. När en energivåg fixeras under ett ögonblicks iakttagelse uppträder den som en partikel, men samtidigt är den en våg. Den vågen är, också samtidigt, ingenting annat än en fluktuation i det större fältet. Så om vi uppfattar en viss händelse i kroppen som en materiell händelse, som en mental händelse eller som en fluktuation i informationsfältet beror uteslutande på vilken perspektiv vi intar.

Färska vetenskapliga rön har bekräftat att mentala händelser samtidigt är fysiska händelser – eftersom varje tanke du tänker aktiverar en sändarmolekyl i hjärnan, där den ögonblickligen och automatiskt omvandlas till biologisk information. Det är inte så att tanken, den mentala händelse, orsakar molekylen, den fysiska händelsen, det är snarare så att den mentala händelsen och den fysiska händelsen är exakt samma sak. Tanken är molekylen och molekylen är tanken. Det är inte så att den ena blir den andra, eller den ena påverkar den andra. De två är exakt samma händelse uppfattad ur två olika perspektiv.

Vi bör alltså sluta betrakta människokroppen som en kropp och ett sinne eller som ett sinne inuti en kropp och i stället se den som sinne/kropp. Dessutom bör vi acceptera faktum att sinnet inte är lokaliserat till hjärnan. Sinnets speciella uttryck är medvetande, och beteende som utrycker medvetande förekommer faktiskt i hela kroppen, i varje cell.

Vi är alltså del av detta naturens kontinuum, som är intelligent och självremitterande. Såsom atomen är, så är universum, såsom mikrokosmos är, så är mikrokosmos, såsom människokroppen är, så är den kosmiska kroppen, såsom mänskliga sinnet är, så är det kosmiska sinnet.

Du kan bevisa detta för dig själv här och nu. Blunda och föreställ dig smaken av jordgubbsglass. Smaken infinner sig – men var exakt, finns den? Den finns i skuggkroppen. På samma sätt kan du blunda och höra musik, om du vill det, eller känna en yllescarf kring halsen. För vart och ett av de fem sinnena har vi ett skuggsinne, som också består av energi och information. Dessa sinnen – som är skuggsinnena och som hör till skuggkroppen, den kvantmekaniska kroppen – ger upphov till den fysiska kroppen. Den fysiska kroppen är ingenting annat än EN manifestation av skuggkroppen, som är del av ett universellt informationsfält.

Dina dominanta tankar matchar alltid dina manifestationer. Så när du väl förstår det absoluta sambandet mellan dina tankar, ditt känslotillstånd och vad som manifesteras i din erfarenhet, kan du korrekt förutsäga allt som kommer att dyka upp i ditt liv.

Det är trevligt när du är medveten om dina tankar och därmed medveten om vad du skapar innan det manifesteras, men det är också av värde att i efterhand bekräfta tankarna som ledde fram till en manifestation. Med andra ord kan du göra den medvetna kopplingen mellan dina tankar, känslor och manifestationer före manifestations uppdykande eller efter det. Båda är till stor hjälp.

När du drömmer om något stämmer det alltid överens med de tankar du har tänkt. Eftersom var och en av dina drömmar faktiskt är din skapelse, är det alltså omöjligt att drömma om något du inte själv har skapat med dina tankar. Det faktum att det nu har manifesterats i ditt drömtillstånd betyder att du har ägnat det en betydande mängd tankar.

Kärnan i dina känslor för det dina tankar kretsar mest runt, kommer i slutänden att manifestera sig i din verkliga livserfarenhet. Det går dock ännu fortare och krävs ännu mindre uppmärksamhet att se dem manifesteras i drömtillståndet. Av det skälet kan dina drömmar vara av oerhört stort värde för att hjälpa dig att förstå vad du håller på att skapa i vaket tillstånd. Om du är mitt uppe i en process att skapa något du inte vill ha, Är det lättare att förändra tankarnas riktning innan det manifesterar sig, än att vänta med att förändra tankarna till efter det har manifesterats sig.

När du går till sängs uppmärksammar du medvetet för dig själv att dina drömmar är en återspegling av dina tankar. Säg till dig själv: Det är min avsikt att sova gott och vakna utvilad. Om det är något som är viktigt för mig att komma ihåg från mitt drömtillstånd, kommer jag att minnas det när jag vaknar. När sedan du vaknar bör du ligga kvar i sängen i några minuter och fråga dig själv: Minns jag något från mina drömmar? Även om man kan minnas olika aspekter av sina drömmar när som helst under dagen, är den bästa chansen att minnas dem precis när man har vaknat. När du börjar minnas något från dina drömmar, slappna av och försök att minnas hur du kände dig under drömsekvensen. för genom att minnas dina känslor får ännu viktigare information än om du bara minns detaljerna i din dröm.

Du måste ägna stor uppmärksamhet åt ett ämne för att det ska bli kraftfullt nog att manifesteras i din erfarenhet. Det måste också få ganska mycket uppmärksamhet innan det dyker upp i dina drömmar. Av det skälet åtföljs dina mer meningsfulla drömmar av starka känslor. Känslan kan vara positiv eller negativ – men den kommer alltid att vara stark nog för att du ska känna igen den.

Om du har vaknat ur en dröm i vilken du mådde mycket bra, kan du vara säkert på att dina dominanta tankar rörande det ämnet pekar mot en manifestation som du faktiskt vill ha. När du vaknar ur en dröm i vilken du mådde dåligt vet du att dina dominanta tankar är i färd med att attrahera något som du inte vill ha. oavsett ditt läge när det gäller vad som manifesteras i ditt liv, kan du alltid fatta ett nytt beslut och förändra manifestationen till något som är ännu mer tilltalande.

Så snart du inser att dina drömmar är underbara avspeglingar av hur du verkligen känner dig och vad du skapar, då kan du avsiktligt börja förändra dina tankar så att de påverkar dina drömmar i mer positiv riktning. Så snart du får ta emot den positiva drömmen kommer du att veta att du är på rätt väg mot mer positiv manifestation i verkliga livet.

Om du vaknar ur en mardröm, oroa dig inte. känn i stället tacksamhet över att du har fått kunskap om att du har riktat din uppmärksamhet mot något du inte vill ha. På samma sätt som du uppskattar att känselcellerna i din hud varnar dig för att du närmar dig något hett, kan du uppskatta att dina känslor gör dig medveten om att dina tankar närmar sig något oönskat.

Det är till stor hjälp att skriva ner sina drömmar, men man behöver inte göra någon särskilt detaljerad beskrivning. Skriv i allmänna ordalag ner var drömmen utspelade sig, vilka de viktigaste personerna var, vad du gjorde och framförallt vilka känslor du upplevde i drömmen.

Du kan upptäcka mer än en känsla inne i drömmen men känslorna kommer inte att skilja sig särskilt mycket åt. Du kan till exempel inte känna både extas och vrede i samma dröm. frekvenserna hos de båda känslorna är alltför extrema för att förekomma i samma dröm.

Ibland när du har önskat dig något under lång tid, men utan att se någon möjlighet för det att verkligen kommer att ske, kan du uppleva en dröm i vilken det faktiskt händer. När du sedan med glädje minns tillbaka till drömmen mjuknar ditt motstånd – och sedan kan din önskan uppfyllas.

Om det finns saker du vill ha, men som det inte finns några beröringspunkter med i ditt liv – du kanske till exempel vill vara frisk men aldrig har varit frisk, eller rik, men har aldrig varit rik, eller ha en kärleksfull partner, men har aldrig haft någon kärleksfull partner – då kan du tala med ditt inre väsen om vad du vill ha och varför du vill ha det. Låt ditt inre väsen erbjuda dig bilder i drömtillståndet som du kan rikta din energi mot, vilket förändrar ditt vibrationstillstånd till det du vill att det ska vara. Sedan kommer du att föra din önskan till dig.

Förebilder är bra inlärningsmodeller för att bli framgångsrik. Du känner någon som sagt något ovanligt klokt. Du vet någon som du vill efterlikna. Använd dig av den positiva kraften i detta. Tänk, i arbetslivet, att kollegan vid skrivbordet intill har ett ovanligt bra sätt att lösa konflikter på. Eller att chefen är bra på att coacha. Tänk, i relationslivet, på det där paret som faktiskt redde ut sin situation och lyckades rädda sin kärlek.

Det finns idag undersökningar världen över som bevisar att man kan lära sig att tänka mer positivt om sig själv och därmed skapa sig ett nytt självschema som stöttar en.

Sättet vi tänker på oss själva påverkar vårt liv,det gäller särskilt vår hälsa. Människor som övar sig i att ta till sig mer positiva inlärningar än negativa, får ökade möjligheter till bättre hälsa.Positiv tänkande stärker immunförsvaret och optimister drar på sig färre infektioner än vad pessimister gör. Vårt immunsystem arbetar förmodligen bättre när vi är optimistiska.

Du bör vara så detaljerad i din tanke på det du vill ha att den väcker positiva känslor. När du har en vag avsikt blir din tanke inte tillräckligt specifik – och därmed inte tillräckligt stark – för att framkalla universums krafter. Du kan å andra sidan bli alltför specifik, innan du har samlat på dig tillräckligt med data för att stödja din uppfattning. När du går in på detaljer, som visar sig utmana dina uppfattningar om ämnet, kan det leda till att du upplever en negativ känsla. Var därför tillräckligt specifik i dina avsikter för att väcka en positiv känsla, men inte så specifik att känslan blir negativ.

När du väl har försett dig att vara trygg och framgångsrik och du verkligen känner dig trygg och framgångsrik, befinner du dig i ett läge i vilket du alltid attraherar trygghet och framgång. Varje gång du känner dig otrygg och inte framgångsrik, är det dags att lägga fram föresatsen på nytt, för att stärka trygghet och framgångskänslan.

Om du har en stark vilja, men tvivlar på din förmåga, att förvekliga den, kan den inte bli verklighet, åtminstone inte just nu för du måste få tanken på det du vill och din uppfattning om det att harmonera. Du kanske har stimulerats att tänka på något som du inte vill ha, men eftersom du ofta hört rapporter om att andra utsatts för det tror du ändå på möjligheten att själv drabbas. Din svaga tanke på detta oönskade och din tro på att det är möjligt, gör dig till en kandidat för att få upplevelsen.

Ju mer du tänker på det du vill ha, desto fler bevis för det förmedlar attraktionslagen till dig, till dess att du vill tro på det. När du förstår attraktionslagen och börjar styra dina tankar medvetet, uppstår en tro på din egen förmåga att bli framgångsrik, göra eller få allt du vill samt förverkliga alla dina drömmar och önskemål.

Vi lever i en underbar tid, i ett högt teknologiskt, avancerat samhälle där vi har tillgång till tankestimulans från hela världen. Tillgången till den information är till stor nytta, för den ger möjlighet till expansion, men den kan också vara till stor förvirring. Vi är mottagliga väsen, våra tankeprocesser är mycket snabba. När vi funderar över ett enda ämne har vi förmågan att, med attraktionslagenshjälp, skänka allt större klarhet åt det ämnet, till dess att vi bokstavligt talat kan uppnå vad som helst i fråga om det. Men på grund av all tankestimulans i vårt samhälle förblir ytterst få av oss fokuserade på ett ämne tillräckligt länge för att föra det särskilt långt framåt. De flesta blir så distraherade att de inte får möjlighet att utveckla en enda tanke i någon högre grad.

Betrakta dina tankar som magnetiska. Allting i universum är magnetiska och dras till det som är lika. Varje gång du funderar över eller fokuserar på en negativ tanke, om än en liten sådan, växer den till sig med hjälp av kraften från attraktionslagen. Om du känner dig besviken eller sorgsen märker du att du attraherar andra som inte känner sig särskilt annorlunda, för det är vad du känner som utgör din attraktionspunkt. Om du är olycklig attraherar du mer av det som gör dig olycklig. Om du däremot mår bra attraherar du mer om det du tycker bra om.

Eftersom du bjuder in alla dem du har ett utbyte med din erfarenhet-de som omger dig i trafiken, dem du träffar när du går i affären, dem du möter medan du promenerar, dem samtalsämnen andra tar upp med dig, hur du behandlas av kyparen på restaurangen, hur mycket pengar som flödar i din erfarenhet, utseendet och känslan hos din fysiska kropp, dem du stämmer romantisk träff med och så vidare är det av stort värde att förstå kraften i ditt liv nu.

Varje tanke du tänker som är riktad mot det du vill ha i din framtid är till stor fördel för dig. När du tänker på vitalitet och hälsa, önskar dig det och förväntar dig det i framtiden, banar du väg för eller förbereder för det. Om du däremot känner rädsla eller oroar dig för att bli gammal eller sjuk banar du väg för det i din framtid.

Om du vill bli framgångsrik, tycker att du förtjänar det och förväntar dig att du ska bli det bara därför att du vill det. Då finns ingen motsättning i ditt sätt att tänka – och framgången kommer. Var uppmärksam på vad du känner när du sänder ut dina tankar, så att du kan sortera bort alla motstridiga tankar. När du sedan har eliminerat motsättningarna beträffande det du vill ha, då måste det komma. Attraktionslagen för det till dig.

Det kan vara värdefullt av en anledning: det viktigaste när du upptäcker att du tänker en negativ tanke är att, på alla sätt du kan, sluta upp med att tänka den. Om du bär på en övertygelse som är mycket stark kan du finna att den negativa tanken kommer tillbaka, om och om och om igen.

Alltså måste du ständigt styra bort dina tankar från det till någonting annat. I sådana fall är det bra att lära sig känna igen besvärliga tankar och modifiera dem genom att se dem ur ett nytt perspektiv. Med andra ord behöver du omforma den motstridiga övertygelsen till en som är mindre motstridig. Då slutar den att hemsöka dig.

Genom att vara uppmärksam på dina känslor lär du dig att styra dina tankar så att de finner harmoni med ditt inre väsen och ditt sanna jag. Motion motverkar stressreaktioner. För hundra tusen år sedan var daglig, fysisk aktivitet normalt i kampen för att överleva. Man plockade bär, jagade föda. Man fick ett naturligt utlopp för den extra aktivering som behövdes för att överleva. Öva dig i att andas långsamt och lugnt. Lägg handen på magen och känn efter hur du andas. Du kan sitta eller ligga ner och dagligen öva dig i att andas med mage. Ett ex.på en idealisk andningsrytm är: en långsam utandning, en kort paus (räkna till fyra), en inandning (räkna till tre), en långsam utandning (räkna till fyra), en kort paus och så fortsätter en stund tills du känner dig lugnare.

Redan på istiden visste jägare hur man skulle tänka för att öka chansen att få med sig ett byte hem. Det finns ristningar från den tiden som visar bilder av män som går ut ur en grotta med ett spjut i handen och som ovanför huvudet har en tankebubbla liknande de vi ser i serietidningar, där de vänder hemåt med ett stort byte på ryggen. Principen för mental träning bygger på samspelet mellan tanke och kropp. Om vi övar oss att tänka oss och uppleva goda kommande situationer, kommer vårt nervsystem att ta fasta på dessa inre bilder, och lagra dem som om vi redan hade upplev det vi tänkt. Positiva, möjliga och goda framtidstankar ger oss energi och gör oss glada och förväntansfulla. Precis som de gav istidens jägare både framtidstro och mat på bordet.

Vi måste vakta över vilka tankar vi vill ha och vilka vi vill göra oss av med. Det kan du också. Om du dessutom övar din kropp att varva ner och slappna av så kommer dina inre bilder att få ett bättre fäste än om du är spänd och uppe i varv. Jag blundar och börjar slappna av. Jag fokuserar på min andning. Jag andas långsamt och lugnt. Jag låter varje andetag för mig nedåt till ett djupare tillstånd av avkoppling och inre vila.

Varje gång jag andas ut märker jag att min avslappning ökar, mer och mer. Avslappnad och lugn, avslappnad och trygg. Jag tillåter att följande meningar att sippra in mitt medvetande i min kropp och min själ. Jag tar emot dessa ord och meningar och låter dem stanna i min kropp. Jag är en värdefull och duglig person. Jag har lärt mig nya tankemönster och egenskaper. Jag ser mig själv som värdefull, tänker om mig själv att jag är värdefull och kommer att bete mig värdefullt mot mig själv. Jag har lärt mig att fokusera på mitt värde. Jag kan nu tänka och agera som då jag var barn och lärde mig något nytt. T.ex att krypa, gå, läsa och skriva, att lära mig cykla. Jag är viktig och jag kan välja själv. Hädanefter kopplar jag ihop positiva, beslutsamma, goda tankar om mig själv och mina möjligheter med goda, lugna, glada och förväntansfulla känslor.

Jag kommer för varje dag som går dras till de mål och målbilder som är mina, som jag strävar efter att uppnå. Det kommer att göra mig glad, trygg och positivt förväntansfull. Jag vet och jag har lärt mig att jag kan förändras, förändra mitt tänkande precis så mycket jag önskar och vill. Jag drar mig till de personer som respekterar mig och gör mig glad och lugn.

För varje dag som går kommer jag att känna mig lugnare och mer trygg. För varje dag som går kommer jag att känna mig säkrare och mer värdefull. Jag är en värdefull och viktig person. Jag mår bra och jag är friskare än någonsin. Jag vill förbli frisk och ung. Om en dörr stängs igen öppnar universum nya dörrar och möjligheter för mig. Jag vill attrahera universums överflöd till mig. Alla dessa ord och bilder kommer jag att ha kvar inom mig och bära med mig.

KAPITEL 4 - DET SJÄTTE SINNET

Det sjätte sinnet är de del av det undermedvetna som har kallats den skapande fantasin. Det har också kallats mottagaren i radiostationen. Genom denna mottagare kommer idéerna, planerna och tankarna in i hjärnan likt radiovågor. Dessa vågor kallar vi ibland ingivelse eller inspiration. Det sjätte sinnet trotsar all beskrivning! Att utveckla och förstå det sjätte sinnet kan man bara göra genom att utveckla sig inifrån genom en form av meditation.

Med hjälp av sjätte sinnet kan du bli varnad för kommande faror innan de inträffar och bli varslade om kommande framgångar så att du kan ta emot dem. Du får till din hjälp en skyddsängel som kommer att öppna alla dörrar till visdomen närhelst du vill.

Universum överger aldrig sina fastställda lagar. Några av dessa lagar är så svåra att förstå att de ibland skapar vad man skulle tro är mirakel. Det sjätte sinnet kommer lika nära miraklen som allt annat du stött på.

Det finn en kraft, en första klassens orsak eller intelligens som tränger in i varje atom och som omfattar varje liten bit energi som människan känner till. Denna obegränsade intelligens förvandlar frön till stora ekar, får vattnet att rinna ned för berget enligt gravitationslagen. Den får dag att bli natt, vinter övergår till sommar och allt sker i systematisk ordning – och relation till varandra. Denna intelligens kan utnyttjas till din egen nytta och förvandla förhoppningar och drömmar till fasta föremål och verklighet. Du ska försöka likna alla de som du beundrar mest. Dessutom upptäcker du att den kraft som du använder att imitera dessa idoler gör dig framgångsrik.

Det bästa sättet att vara verkligt framgångsrik, är att ta vara på allt det goda som idolerna kan ge och att försöka leva efter det, så gott det går. Du vet naturligtvis att alla som blivit vad de är, har nått ditt på grund av sina tankar och önskningar. Varje innerlig önskan resulterar i att man söker uttryck för denna önskan genom att realisera den.

Självsuggestion är en stark kraft om man vill bygga upp sin karaktär. Det är i själva verket det enda sättet som man egentligen kan bygga upp sin karaktär på. Någonstans i hjärnans cellstruktur finns ett organ som tar emot vibrationerna från de tankar som ibland kallas aningar. Faktum är att människor tar emot exakt kunskap på andra vägar än de fysiska sinnena – sådan kunskap är i allmänhet mottagen under inflytande av extraordinära stimulanser.

Vilken fara som helst som får hjärtat att slå fortare kan och gör vanligen att det sjätte sinnet träder i funktion. Alla som har varit nära att råka ut för en olycka i en bil, vet att det sjätte sinnet vid sådana tillfällen kommer en till hjälp och ser till att man med en sekunds marginal undviker olyckan. Vi är mottagliga för idéer, och tankar och kunskap som når oss genom det sjätte sinnet.

Det undermedvetna består av ett medvetet område där varje tankeimpuls, som når medvetandet genom de fem sinnena, systematiseras och bevaras. Därifrån kan man också ta fram tankar på samma sätt som man tar ut korten i ett kortlek. Det tar emot känslointryck och tankar oavsett hur de ser ut. Du kan frivilligt inplantera i det undermedvetna vilken plan som helst, vilka tankar eller önskningar du vill som du sedan har för avsikt att förvandla till verklighet. Det undermedvetna handlar främst efter de dominerande önskningar som är resultatet av en blandning mellan känslor, typ tro och övertygelse.

Det undermedvetna arbetar dygnet runt. på ett för människan okänt sätt, utnyttjar det undermedvetna den obegränsade intelligensen för att förvandla dina önskningar till verklighet. Då använder dessutom det undermedvetna alltid den enklaste och mest praktiska vägen att nå målet. Du kan inte helt kontrollera ditt undermedvetna, men du kan frivilligt förse det med planer, önskningar och syften som du vill få överförda till fysisk verklighet.

Det finns gott om bevis för att det undermedvetna är den förbindande länken mellan människans begränsade förstånd och den obegränsade intelligensen. Länken är den väg man kan utnyttja när man vill använda sig av den obegränsade intelligensen. Det är den enda kanal man kan utnyttja när man vill att ens böner skall bli besvarade. Det undermedvetna slappnar aldrig av! Om du inte förser det med tankar och idéer, kommer det undermedvetna i stället att ta till sig de tankar som finns tillgängliga. Okontrollerade tankar är resultatet av din brist på ansträngning.

Till att börja med räcker det dock med att du tänker på att det undermedvetna hela tiden är i arbete. Att det hela tiden påverkas av de tankar som når dit, utan att du tänker på det. En del av dessa tankar och impulser är negativa, andra positiva. Du skall nu arbeta för att stänga ute de negativa tankarna. Och i stället hjälpa det undermedvetna att ta emot positiva tankar.

När du behärskar detta, har du fått nyckeln till ditt undermedvetnas dörr. Dessutom kontrollerar du den dörren så fullständigt att ditt undermedvetna inte kommer att bli påverkat av ovälkomna tankar.

Allt människan skapar har sitt ursprung i en tankeimpuls. Inget kan skapas utan att det börjar med en tanke. Med hjälp av fantasi kan tankeimpulser utvecklas till planer. Fantasin, när den är kontrollerad, kan leda till att skapa planer eller önskningar som sedan leder till framgång i det man håller på med. Alla tankeimpulser som syftade till att förverkligas och som inplanterats i det undermedvetna måste först passera fantasin där de blandas med tro. Att blanda tron med en plan eller ett syfte, kan bara göras med hjälp av fantasin som vill att det undermedvetna skall ta emot tankeimpulsen.

Det undermedvetna är mer benäget att ta emot tankeimpulser, som bygger på en blandning av känsla och rörelse, än impulser som bara är osorterade tankar. I själva verket finns det anledning att anta att det undermedvetna endast är verkligt mottagligt för känslomässiga tankar. Det är ett välkänt faktum att de flesta människor styrs av rörelse eller känsla.

Positiva och negativa tankar kan inte sysselsätta hjärnan samtidigt. Någon av dem dominerar. Det är din plikt att se till att det är de positiva tankarna som sysselsätter ditt sinne. Här kommer vanan till hjälp. Gör det till en vana att alltid använda positiva tankar! Till slut kommer de att så totalt dominera ditt sinne att de negativa tankarna inte kan tränga in.

Den mänskliga hjärnan fungerar precis som en radiostation med både mottagare och sändare. Den tar dock emot känslovibrationer i stället får radiovågor. Den mänskliga hjärnan kan ta upp *tankevibrationer som sänds av andra hjärnor, precis som radiostationen* fångar upp vågor från andra sändare. Den skapande fantasin är "mottagaren" i hjärnan och tar emot andra hjärnors sända tankar. Den är också länken mellan det undermedvetna och förnuftet.

När hjärnan stimuleras eller blir mer mottaglig för vibrationer, blir den också mer mottaglig för tankevibrationer från utomstående. Den ökade mottagligheten orsakas av positiva eller negativa tankar och känslor. Genom dessa känslor kan man aktivera hjärnan. Det undermedvetna är den sändande delen av hjärnan ur vilken tankevibrationerna sänds ut. Den skapande fantasin är mottagaren som tar emot tankarnas energi.

Kapitel 5 - Självsuggestion

De viktiga faktorer som bildar det undermedvetna, tillsammans med den skapande fantasin utgör den mänskliga hjärnans radiostation. Lägg därtill självsuggestionens kraft som kan sätta igång radiostationen.Att använda din hjärnans radiostation är en förhållandevis enkel operation. Du behöver bara tänka på tre saker för att få radiostationen att fungera: det undermedvetna, den skapande fantasin och självsuggestion.

Ibland talar människor respektlöst om det ogripbara, dvs. de saker som de inte kan förklara med hjälp av sina fem sinnen. När vi hör dessa tal, skall vi komma ihåg att vi alla är kontrollerade av krafter som varken går att se eller gripa. Inte ens hela mänskligheten tillsammans har möjlighet att behärska eller kontrollera den ogripbara kraft som får havens vågor att rulla. Människan kan inte förstå den ogripbara kraften i gravitationen som håller vårt jordklot fast i rymden, och som gör att vi inte faller av. Ännu mindre kan vi påverka gravitationskraften. Vi är alla helt beroende av den kraft som följer med ett oväder och vi är lika hjälplösa i närvaro av den ogripbara kraft som kallas elektricitet.

Människan förstår inte den ogripbara kraft och intelligens som finns förborgad i jorden, den kraft som förser henne med allt det hon äter, alla kläder hon bär, varje föremål hon bär i sin fickan. Sist men inte minst, förstår människan, trots sin fina kultur och bildning, lite eller inget om den största av alla krafter, nämligen den ogripbara kraften tanke. Människan vet bara lite om hjärnans fysik och dess komplicerade nätverk, genom vilken tankekraften förs ut till förverkligande.

Människan kan inte skapa någonting som hon inte först formar i en tanke. Som en följd av detta påstående blir konsekvensen att människans tankeimpulser omedelbart börjar förvandla sig till fysisk verklighet, oavsett om tankarna är frivilliga. Tankeimpulser som fångas upp av en ren slump kan bestämma ditt finansiella, yrkesmässiga eller sociala öde lika säkert som de tankeimpulser som man skapar med avsikt.

Naturen har begåvat människan med förmågan att kontrollera en enda sak, nämligen tanken. Detta faktum tillsammans med vetskapen om att allt som människan skapar börjar med en tanke, leder oss i det närmaste fram till principen om hur man bemästrar sin rädsla.

Om det är sant att alla tankar har en tendens att klä sig i sin fysiska motsvarighet, vilket är en sanning bort om allt tvivel, så är det lika sant att tankeimpulser av rädsla och fattigdom inte kan förvandla sig till mod och framgång.

Man kan inte kompromissa mellan rikedom och fattigdom. De två vägarna till framgång resp. fattigdom leder åt var sitt håll. Vill du bli framgångsrik, så måste du vägra att acceptera någonting som har med fattigdom att göra. Du behöver inte upprepa för universum vad du vill ha, du behöver bara säga det en gång. Fördelen med fortsätta att prata om det är att du själv blir klarare över vad det är. vanligtvis kan du inte tydligt formulera allt du vill ha i första försöket, så ju mer du pratar om det, desto mer finjusterar du det. Så snart du säger "Jag vill ha det" börjar universum låta det manifesteras och när du sedan säger "jag skulle vilja det så här". När du väl har klart för dig vad du vill ha, när du har ringat in det och vet vad du vill – då är det på väg till dig. Det är klart.

Manifestationen följer förmodligen inte förrän senare, för oftast finns det ett så pass stort motstånd att du inte får det omedelbart.

Det är lättare att börja med en ny, inte så stark tanke, fokusera på den och få den att expandera, än att försöka förändra en tanke som redan är kraftfull och utvidgad. Med andra ord är det bättre att skapa en förbättrad framtida erfarenhet än det är att förändra en rådande existerande erfarenhet.

Om du upplever en fysisk åkomma och uppmärksammar den, projicerar du in den i din framtida erfarenhet genom din uppmärksamhet. Om du istället fokuserar på en annan framtida erfarenhet aktiverar du en annan upplevelse, och i och med att du projicerar in en förändrad upplevelse i din framtid lämnar du den nuvarande bakom dig.

Du kan bereda vägen för upplevelser i din omedelbara framtid, eller sådana som ligger längre fram i tiden. När du väl har fått tillfälle att se att dina avsiktliga tankar påverkar dina upplevelser positivt kommer du att vilja göra det i ännu högre grad.

Varje ämne är i själva verket två ämnen: det du vill ha och frånvaron av det. Om du inte förstår att dessa utgör två ytterst olika frekvenser, då kanske du tror att du är fokuserad på något du önskar dig när du är faktiskt fokuserad på motsatsen.

En del tror att de är fokuserade på ämnet en frisk kropp, när de i stället är fokuserade på rädslan för en sjuk kropp, en del tror att de tänker på att förbättra sin ekonomiska situation när de i stället är fokuserade på att ha ont om pengar. Eftersom ämnet är pengar eller hälsa, tror de att de varje gång de fokuserar på ämnet är det något de vill ha. Ofta är så inte fallet. Folk säger ofta: "Jag har önskat mig det här så länge jag kan minnas. Varför har det inte blivit verklighet än?" Det beror på att de inte varit medvetna om att varje ämne i själva verket är två ämnen : det som önskas och avsaknaden av det. Till exempel tror de att eftersom de pratar om pengar pratar de om något de vill ha, trots att de är fokuserade på motsatsen till det de vill ha. Först när man är lyhörd för sina känslor vet man vilket det vibrationsmässiga innehållet verkligen är. Med träning kommer du emellertid att bli skicklig på att alltid veta exakt var ditt fokus ligger.

Det är viktigt att du lämnar alla andra idéer, önskningar, åsikter och övertygelser åt sidan medan du identifierar vad du känner. Det finns ett oändligt antal tankar att tänka om ett obegränsat antal ämnen, men din egen livserfarenhet och kontrasten du upplever kommer att hjälpa dig att identifiera de ämnen som just du vill fokusera på.

När du förstår att den negativa känslan är en mätare av motståndet, och att det här motståndet dessutom är det enda som skiljer dig från det du verkligen vill ha, då kanske du bestämmer dig för att göra något åt motståndet på just det här området, som nu fått ny energi.

Dina tankar, förändrar beteendet hos alla och allting som har något med dig att göra. Dina tankar är absolut likställda med din attraktionspunkt, så ju bättre du mår, desto mer förbättras allt och alla i din närhet. I samma stund som du hittar en bättre känsla, kommer förhållanden och omständigheter att förändras för att matcha den känslan.

När du plockar bort begränsningarna tid och pengar ur ekvationen och litar på att universum kommer att verka för att förverkliga varje idé du kan frammana, då låter dina idéer skjuta fart. Men så länge du känner begränsningar fortsätter du att tygla dem och tygla dem och tygla dem.

Då kan du finna njutning i hur idéerna växer fram. När du gör upp ett tidsschema där det finns en deadline, då tornar ofta begränsningarna tid eller pengar upp sig för att motarbeta din energi, vilket gör dig olycklig. Det kan till och med få dig att önska att du aldrig hade fått idéen från första början.

Ett bra sätt att närma sig det här är: om en önskan känns obehaglig på något sätt betyder det att den rusar i väg långt före din tro. Då kan du lugna den genom att säga: "Jag behöver inte göra det här just i denna stund. Jag håller tanken som en idé inför framtiden. Jag tänker inte avfärda den, för jag vet att den är bra. Den passar inte in i min nuvarande situation, men en dag kommer den att bli en del av min erfarenhet. Det räcker för tillfället".

En rörig miljö kan ge en rörig attraktionspunkt. Om du omges av oavslutade uppgifter, obesvarade brev, ofärdiga projekt, obetalda räkningar, försummade uppgifter, osorterade högar med papper kringströdda tidskrifter, kataloger och diverse ting – kan de påverka din livserfarenhet negativt.

Eftersom allting bär sin egen vibration och du utvecklar en vibrationsmässig relation till allting i ditt liv, påverkar dina personliga tillhörigheter faktiskt hur du mår och vilken attraktionspunkt du har. Vi har fått för vana att samla saker omkring oss. De flesta av oss samlar på oss föremål därför att det är vårt sätt att hålla räkningen, det är vårt sätt att fylla tiden. Vi lever i en fysisk värld och fysiska manifestationer har blivit viktiga för oss, med det leder också till att vi uppslukas av detaljerna i våra manifestationer. De flesta av oss ägnar massor av tid åt att bara leta efter saker, och det beror inte på att vi har för många saker att gå igenom, utan också på att samlande motsäger den frihet som finns inneboende i oss.

Om du kan sortera ut och släppa taget om de klädesplagg du aldrig har på dig och saker du aldrig använder, gör då det och låt din erfarenhet bli en renare plats. Då kommer sådant som befinner sig mer i harmoni med den du nu är att, lättare flöda in i din erfarenhet. Alla har kapacitet att attrahera, men när processen tyngs ner av saker man inte längre vill ha, då går den nya attraktionen långsammare – så står man där med en känsla av frustration eller nedtynghet.

Aldrig tidigare har det varit så viktigt att du för din inre syn skapar en bild av ditt livsrum. Föreställ dig därför din miljö som en miljö av stor klarhet – ett rum med exakt ordning – och tänk dig att du vet var precis var allting finns. Föreställ dig att du planerar det ytterst bekvämt, med andra ord, fantisera. Det är det du siktar på: känslan av lättnad.

De kanske mest tillämpade vibrationerna i vår kultur är de som är förknippade med ämnet pengar, för många ser pengar som det främsta medlet till sitt fysiska välbefinnande. Många människor är emellertid, utan att inse det, fokuserade på frånvaron av pengar snarare än på närvaron av dem. Så även om de ofta identifierar saker de önskar sig skärmar de av sig från sina egna önskningar. De är nämligen mer vana vid att notera bristen på pengar än närvaron av dem.

Du behöver egentligen inte vara rik för att dra till dig rikedomar, men du måste känna dig rik. Ett klarare sätt att uttrycka det på är att varje känsla av brist på överflöd ger upphov till ett motstånd som inte tillåter något överflöd.

Till synes magiska ting kommer att hända så snart du uppnår den där underbara känslan av ekonomiskt överflöd: pengarna du för närvarande tjänar tycks räcka längre. Oväntade summor i form av diverse värdestegringar kommer att börja dyka upp i din erfarenhet.

Din arbetsgivare känner sig inspirerad att ge dig löneförhöjning. Någon produkt du har köpt ger dig återbäring. Folk du inte ens känner erbjuder dig pengar. Du kommer att upptäcka att saker du har velat ha, saker som du skulle ha varit att lägga dina pengar på – kommer till dig utan att du behöver lägga ut några pengar för dem. Du erbjuds möjligheter att "tjäna in" allt överflöd du kan tänka dig. Med tiden kommer det kännas som om överflödet dammluckor har öppnats, och du kommer att märka att du undrar var allt överflöd hade gömt sig hela tiden. Jag kan skaffa det här. Jag kan skaffa det här och den där. Jag har pengar till att köpa mitt drömhus,min bil...

Du har verkligen medel att göra det och du låtsas något som inte är möjligt,därför finns det inte något hindrande tvivel eller någon vantro som grumlar ditt ekonomiska flöde. Du måste känna dig väl till mods inför överflödet innan du kan tillåta dig nöjet att släppa in ett stort överflöd i din erfarenhet. Det du behöver göra är att medvetet sända ut fler tankar som får vägen att tippa över mot överflödets energier. Sänd ut fler tankar och ställ ett ökat medvetet bruk av icke – fysisk energi mot det välstånd du vill ha.

Det som är viktigast att komma ihåg är att det är du som drar till dig din erfarenhet och att du gör det med hjälp av de tankar du sänder ut. Tankar är magnetiska och när du tänker en tanke attraherar den en annan tanke och ännu en och ännu en tills du slutligen får en fysisk manifestation av det som har varit ämnet för dina tankar.

Om du någonsin har upplevt det du skulle betrakta som en negativ känsla, är din egentliga upplevelse, den negativa känslan av att tänka en tanke som inte vibrerar på en frekvens som harmonierar med var eller vem din inre väsen är.

Om du skulle sätta dig på din fot och hämma blodets cirkulation, eller lägga en strypsnara runt din hals och dra åt, skulle du se omedelbara bevis för inskränkningen av blod och eller luftflöde. på ett liknande sätt blir flödet av livskraft – den energi som flödar från ditt inre väsen in i din fysiska kropp – undertryckt eller inskränkt när du tänker tankar som inte harmonierar med din bredare kunskap. Om du skulle låta det pågå under en längre tid skulle din fysiska kropp försämras. Det är därför all sjukdom är ett resultat av att man tillåtit negativa känslor.

När du upplever en negativ känsla befinner du dig i en mycket god position för att identifiera vad du vill. För du vet aldrig så tydligt vad du vill som när du upplever något du inte vill. I den stunden stannar du upp och säger: det här är viktigt på något sätt, annars skulle jag inte uppleva den här negativa känslan. Jag måste fokusera på vad jag vill. Sedan vänder du din uppmärksamhet mot det du vill. I samma ögonblick som du flyttar din uppmärksamhet kommer den negativa känslan att upphöra. I samma stund som den negativa attraktionen upphör kommer den positiva attraktionen att börja. Dina känslor övergår från att vara obehagliga till att vara behagliga.

Du kommer aldrig att befinna dig på en plats där det enbart finns rent positiva känslor eller ren positiv energi, för inom allting finns det en automatisk och naturlig motvikt, som är frånvaron av det du vill ha. Ditt arbete blir att definiera vad du vill ha och sedan, på ett ytterst medvetet sätt, hålla kvar tankarna i linje med dina önskningar.Den känslomässiga vägledning du får från ditt inre väsen och som du upplever i form av negativa eller positiva känslor, kommer att hjälpa dig att veta vilken sida av ekvationen du befinner dig på: tänker du på det du vill ha eller på frånvaro på det?

När det gäller vissa ämnen är det mycket lätt att avvika åt det negativa hållet, eftersom man har halat längre på den negativa trossen. Det kanske bara behövs ett litet yttrande någonstans ifrån,ett minne av något eller ett förslag från någon, för att man ska dyka ner i en negativ spiral. Ibland kan det vara svårt att släppa taget om den där negativa trossen, i synnerhet om man har hållit länge i den. Om du då, varje gång du upplever en negativ känsla, inser att du attraherar negativa saker och istället låter din dominerande avsikt vara att må bra, kan du märka att du relativt enkelt kan släppa taget om trossen.

Den enda anledningen till att något manifesterats till en fysisk, påtaglig och definierbar sanning, är att någon har ägnat det tillräckligt stor uppmärksamhet. Tänk på att bara för att någon annan har lyckats skapa sin sanning, betyder det inte att den på något sätt är förknippad med dig eller med det du kommer att skapa.

Du skulle kunna tänka tillbaka på en tid då du hade mer pengar, eller då du åtminstone inte kände stressen av för många räkningar. När du hittar det minnet, försök att minnas så många detaljer som möjligt för att förstärka känslominnet av det ytterligare.

Du skulle kunna låtsas att du har mer pengar än du behöver, låtsas att du har så mycket pengar att du inte vet var du ska göra av dem. Föreställ dig att du har tonvis av dem i skafferiet och under sängen. Se för din inre syn att du går tillbaka med hinkar med mynt som du ska växla till sedlar. Se för din inre syn att du växlar med låga valörer till större sedlar, bara för att kunna förvara dem lättare.

Du skulle låtsas att du har ett kreditkort med obegränsad kredit som lätt betalas, ett sort magiskt kort som du använder flera gånger om dagen därför att det är så effektivt. En gång i månaden kan du sedan skriva ut en check som betalning för alla de skulder du har dragit på dig. Låtsas att förhållandet mellan dina pengar på banken och den här månadens kreditkorträkning är sådant att det inte märks när du betalar räkningen.

När du låtsas, eller plockar fram selektiva minnen, aktiverar du nya vibrationer – och din attraktionspunkt förändras. När din attraktionspunkt förändras kommer ditt liv att förbättras inom alla de områden där du har hittat en ny känsloplats.

Det är lika lätt att skapa ett slott som att skapa en knapp. Det är bara en fråga om ifall man är fokuserad på ett slott eller på en knapp. Det kan också vara lika tillfredsställande att skapa en knapp som att skapa ett slott. vare sig det gäller ett slott eller en knapp frammanar det livskraft om du använder det som föremål för din uppmärksamhet. Att känna livskraft är vad livet handlar om,skälet varför du frammanar den har ingen betydelse.

Vad säges om att skapa en positiv ström av ekonomiskt överflöd?vad säges om att bli så bra på att visualisera att pengarna enkelt flödar åt ditt håll? Tänk dig kunna att använda pengar och även ge fler människor möjligheter? Hur kan man använda pengarna på ett bättre sätt än att för dem tillbaka till samhällsekonomin och därigenom ge fler människor arbete? Ju mer du spenderar, desto större nytta får andra människor av det och desto fler människor ger sig in i leken för att samverka med dig.

Din roll är att använda energi. Det är därför du existerar.Du är ett väsen som flödar av energi- en fokuserare, en förnimmare. Du är en skapare och det finns ingenting värre i hela universum än att träda in i de skarpa kontrasternas miljö, där önskningar föds så lätt, och inte låta energin flöda mot din önskan. Det är rent slöseri med liv.

Det finns inget högt arbete eller lågt arbete. Det finns bara tillfällen att fokusera. Du kan känna lika stor tillfredsställelse och förnöjdsamhet i den ena uppgiften som i den andra, för du befinner dig i tankens frontlinje och källan flödar genom dig- oavsett vad du försöker göra. Du kan vara fylld av glädje inför varje strävan där du bestämmer dig för att låta energin flöda.

Tänk på hur världens ekonomi såg ut för ett par hundra år sedan. Vad har förändrats? Har fler reserver skeppats hit från någon annan planet? Har fler människor, under längre tid, identifierat fler önskningar som den icke- fysiska energin, som är oändlig och outtömlig, tillhandahållit? Man hör aldrig någon säga: "Nu har jag varit frisk i så många år att jag har bestämt mig för att bli sjuk en tid, för att låta några andra människor vara friska istället."

Du vet att oavsett hur bra hälsa du har är det inget som påverkar andras hälsa. Du gör inte slut på den goda hälsan och berövar andra den. Det är samma sak med välstånd. Människor som har lyckats hitta vibrationsharmoni med överflödet- så att det flödar till dem och genom dem- behöver inte någon annan det överflödet. Du kan inte bli fattig så att du därigenom hjälper behövande att få det bättre. Det är bara genom att själv ha det bra som man har något att erbjuda någon annan.

Uppskatta dem som ger exempel på välbefinnande. Hur skulle du veta att ett sådant välstånd var möjligt om det inte fanns bevis för det runt omkring dig? Allt ingår i de kontraster som hjälper dig att finslipa din önskan. Pengar är inte roten till lycka, men de är inte heller roten till allt elände. Pengar är ett resultat av hur någon ställer in sin energi: Om du inte vill ha pengar, attrahera dem inte. Du som som kritiserar andra som har pengar- tänk på att den kritiken håller dig kvar på den plats där saker du faktiskt vill ha, t.ex. god hälsa, klarhet och välbefinnande, inte heller kan komma till dig. Om ämnet pengar ger dig obehagliga känslor innebär det att du har en stark önskan kopplat till det, vilket betyder att det har en oerhört stor betydelse för dig. Din uppgift blir därför att komma på ett sätt att tänka på pengar och ändå må bra. Det är lika effektivt att också tänka på något annat och må bra och släppa in det. Du behöver inte tänka på pengar för att släppa in dem. Du kan däremot inte tänka på avsaknaden av pengar och släppa in dem.

Många tror att framgång betyder att man uppnått allt man vill ha.De förväxlar det med döden och en sådan död finns inte.Framgång handlar om att få något gjort.Det handlar om att fortsätta att drömma och uppleva positiva känslor på vägen dit.Måttet på framgång i livet är inte pengar eller saker-måttet på framgång är absolut den mängd glädje man känner.

Man kan säga saker som: "när jag ser på framgångsrika människor och med det menar jag rika människor och ja, lyckliga människor ibland är de rika och lyckliga. När jag pratar om de framgångsrika är det jag egentligen menar de riktigt lyckliga människorna-människor som verkligen är fyllda av glädje, som är ivriga att ta itu med sin dag. Praktiskt taget allihop har haft det ganska tufft i början, vilket gjorde dem till starka rebeller. Sedan hittade de sätt att slappna av i det välbefinnande som är födslorätt". Framgång handlar om ett glädjefyllt liv, ett glädjefyllt liv är helt enkelt ett pärlband av glada stunder. Men de flesta människor släpper inte fram de glada stunderna, för de är så upptagna med att försöka få ett lyckligt liv.

Kapitel 6 - Läk din kropp

Hur återfår du ditt naturliga hälsotillstånd? skriv nu ner den här korta affirmation listan någonstans där du lätt kan läsa den och när du har lagt dig ner läser du den långsamt för dig själv. Det är naturligt för min kropp att vara frisk. Även om jag inte vet vad jag ska göra för att bli bättre, vet min kropp det. Jag är friskare än någonsin. Jag vill förbli frisk, ung och attraktiv. Jag är stark och fylld av energi. Jag har miljarder celler med individuella medvetande, och de vet hur de ska finna sin individuella balans. Min kropp vet vad den ska göra. Välbefinnande är naturligt för mig. Jag ska slappna av nu och tillåta kommunikationen mellan min kropp och källa. Min enda uppgift är att slappna av och andas. Jag klarar det. Jag klarar det lätt.

Ligg nu bara och njut av den sköna madrassen under dig – och fokusera på din andning in och ut. Ditt mål är att känna dig så avspänd så möjligt. Andas så djupt du kan utan att det blir ansträngt. Pressa dig inte. Försök inte få något att hända. Det finns inget annat du kan göra än att slappna av och andas.

Varje cell i din kropp har en direkt relation med den kreativa livskraften, och varje cell svarar individuellt på den. När du känner glädje är alla kretsar öppna, så att livskraften kan tas emot fullt ut. När du upplever skuld, förebråelse, fruktan, är kretsarna slutna och livskraften kan inte flöda lika effektivt. Den fysiska erfarenheten handlar om att övervaka dessa kretsar och hålla dem så öppna som möjligt. Dina celler vet vad de ska göra, de frammanar energi.

Varje gång du känner fysiskt obehag av något slag, oavsett om du kallar det psykisk eller fysisk smärta, betyder alltid, alltid samma sak : “jag har en önskan som frammanar energi, men jag har en övertygelse som inte tillåter den. Så jag har skapat ett motstånd i min kropp".

Lösningen för att släppa iväg obehaget eller smärtan, är att varje gång slappna av och sträva mot en känsla av lättnad. Hälsa som tillåts eller hälsa som förnekas handlar enbart om sinnesstämning, humör, attityd och inövade tankar. Det finns inte en enda undantag till detta hos människor eller djur. Man kan ju lappa ihop dem om och om igen och de hittar bara nya sätt att återgå till sitt sinnes naturliga rytm. Att behandla kroppen är egentligen att behandla sinnet. Allt är psykosomatiskt – varenda åkomma utan undantag.

Det finns ingenting som inte kan omorienteras mot välbefinnande. Det krävs dock att du är fast besluten att styra dina tankar mot något som känns bra. Vilken sjukdom som helst skulle kunna läkas på några dagar om den drabbade kunde distraheras från den och låta en annorlunda vibration dominera. Läkningstiden handlar om hur mycket vibrationer som blandas upp, för varje sjukdom i den friska kroppen tar mycket längre tid på sig att bryta ut än den tar på sig för att försvinna. Om du förnimmer att något är bra och du genomför det, då har du nytta av det. Om du förnimmer att något är dåligt och du ändå genomför det, är det en mycket skadlig upplevelse.

Det finns ingenting som är värre för dig själv än att du gör något som du anser vara olämpligt, så se till att vara tillfreds med dina val och glädjas åt dem. Det är dina motsägelser som orsakar större delen av motsägelserna i din vibration.

Bestäm dig vad det är du vill, fokusera på din uppmärksamhet på det och hitta dess känsloplats – så kommer du ditt omedelbart. Det finns ingen anledning för dig att plåga dig själv fram till eller genom något.

Det finns ingenting som du eller någon annan har velat ha, som existerar av något annat skäl än att du tror att du kommer att må bättre om du uppnår det. När du medveten identifierar ditt nuvarande känslotillstånd blir det lättare för dig att förstå om du väljer tankar som för dig närmare din önskedestination eller tankar som för dig längre bort från den. Om du låter den förbättrade känslan vara din verkliga destination, då kommer vad det än är du vill ha, att snabbt följa på den.

Det du tänker på och det du får stämmer alltid överens vibrationsmässigt. Så det kan vara till stor hjälp att medvetet iaktta det inbördes sambandet mellan det du tänker och det som utspelas i ditt liv. Det är till ännu större hjälp att kunna urskilja vart du är på väg redan innan du når ditt. När du väl förstår dina känslor och de viktiga budskap de ger dig, behöver du inte vänta tills något har blivit verklighet för att förstå vilka vibrationer du har sänt ut. Genom att vara uppmärksam på dina känslor kan du uppleva exakt vart du är på väg. Uppmärksamheten måste riktas mot det du vill ha, inte mot av avsaknaden av det.

Så länge du fokuserar mest på vad du inte vill veta av beträffande den rådande situationen, kan du inte få tillgång till det du vill ha. Om du t.ex tänker först och främst på din vackra nya bil, banar den sig sakta men säkert fram till dig, men om du i huvudsak tänker på din opålitliga nuvarande bil, kan din nya bil inte nå fram till dig. Det kan tyckas svårt att avgöra skillnaden mellan att faktiskt tänka på sin nya bil istället för den gamla, men så snart du är medveten om ditt känslomässiga vägledningssystem kommer du att kunna göra den distinktion utan svårighet.

När du väl förstår att dina tankar är de samma som din attraktionspunkt och att dina känslor visar nivån av tillåtelse eller motstånd, då håller du i nyckeln till att skapa allt du önskar. Det är omöjligt för dig att ständigt uppleva positiva känslor beträffande något och ändå se det gå snett, lika omöjligt är det för dig att ständigt må dåligt över något och ändå se det blir bra – för det du känner talar om för dig ifall du tillåter ditt naturliga välbefinnande eller inte.

För att uppleva frihet måste vi ha ett livscentralt medvetande i nuet, där kärlek och tillit är naturliga känslor. Motsatsen till medvetande i nuet är tidsbundet medvetande, och känslan som åtföljer det är rädslan. Den persiska poeten Rumi formulerade det i ett vackert tänkespråk: "Kom ut ur tidens cirkel, in i kärlekens cirkel". Det bästa sättet att förbereda sig för vilken framtida situation som helst är att vara helt och hållet i det nu som är. Livets enda syfte måste för en fri människa vara att låta det rena medvetandet och den avslappnade uppmärksamheten flöda genom fysiologin. Då han eller hon kan uppleva tingen sådana de i verkligheten är, kristallklart och inte filtrerat genom förutfattade meningar, definitioner, tolkningar eller bedömningar. I detta rena medvetande ser vi världen som den egentligen är, en manifestation och ett uppenbarande av jagets eviga närvaro. En människa som har sitt rena medvetande är verkligt fri, och kan i allting finna det stöd hon önskar. I detta medvetandetillstånd utvecklas önskningar, drömmar och beslut som frön, som satts i jorden och bara väntar på rätt årstid för att skjuta upp och spontant bli till blommor och vackra trädgårdar.

Våra livserfarenheter beror på vart uppmärksamheten leder oss. Faktum är att vi är vår egen uppmärksamhetskvalitet. När uppmärksamheten är splittrad känner vi oss splittrade, och då är vi också splittrade. När den fixeras vid det förflutna befinner vi oss i det förflutna. Då den söker sig till framtiden är vi i en fantiserad framtid, men när uppmärksamheten är i nuet befinner vi oss i livsenergins närvaro. Så varje problem är en avledning av uppmärksamheten, från medvetande i nuet och till ett tidsbundet medvetande.

Medvetande i nuet är att tillåta uppmärksamheten, medvetenheten och den universella intelligensen – naturen att flöda spontant och obehindrat genom vår fysiologi. Så när vi flyttar uppmärksamheten från objektremittering till självremittering kommer vår fysiologi att fungera med livsenergins hela vibrerande kapacitet.

Nu visar det sig att det är oerhört mycket lättare att vara självremitterande än objektremitterande. Det är faktiskt det allra lättaste vi kan göra, eftersom det är vars och ens sanna natur att vara sig själv. Det finns ingenting du är mer intimt förbunden med än dig själv. Det är enbart därför att vi blivit så vana vid komplikationer som det kan förefalla svårt att vara oss själva. Att slå in på självremitteringens väg är det naturligaste, minst mödosamma och mest njutbara som någon någonsin kan göra.

Medan vi är i färd med att upptäcka oss själva upptäcker vi också våra intima band med naturen, och inser att de aldrig kan brytas. Att leva självremitterande innebär att vara i harmoni med vår individuella natur och med naturen som helhet. Detta är den verkliga vägen till perfekt hälsa.

Var hittar vi detta jag? Vi hittar det i vår enklaste form av uppmärksamhet, i vår egen medvetenhet, där jaget förnims som gränslöst, fritt från inskränkningar, fullständigt integrerat och i harmoni med naturen. På denna nivå blir alla beslut vi fattar fullständigt naturliga och livsbefordrande. Utifrån denna nivå handlar vi spontant, intuitivt och på ett sådant sätt att vi befordrar balans och hälsa.

Enligt Aristoteles innebär lycka att man följer sin goda inre röst. Den rösten kan i sin tur ses som en förmåga, förmågan att handla på ett visst sätt i olika situationer så att det goda i samhället uppstår.

Dalai Lama tror liksom Aristoteles, att själva meningen med livet är sökande efter lyckan. Också han använder, precis som tänkaren i antikens Aten, begreppet rörelse. "Jag tror att själva rörelse i livet är inriktad mot lyckan".

Att vara tacksam är mer än att bara säga "tack". Ny forskning pekar på att tacksamhet för med sig väldigt många fördelar. Man har funnit att människor som har varit konsekvent tacksamma även är lyckligare, mer energiska och optimistiska än andra.De uppger också att de oftare upplever positiva känslor. Ju tacksammare, människor är, desto mindre benägna är de dessutom att vara deprimerade, ångestfyllda, ensamma, avundsjuka eller neurotiska. Att fundera över sin bästa möjliga framtid är ett av flera effektiva sätt att lära sig tänka positivt.

Alla sådana metoder utnyttjar fördelarna med en optimistisk livssyn. Låt oss nu ta en titt på vilka vinster det ger att bli mer optimistisk. Om du ska vara beredd att lägga ner jobb på det här, så måste du trots allt få veta hur det fungerar. För det första om du ser optimistiskt på framtiden och om du är övertygade om att du kan förverkliga dina livsmål, kommer du att anstränga dig mer för att uppnå målen.

Det betyder att det positiva tänkandet kan bli självuppfyllande. Om du uppfattar att en viss sak som faktiskt går att åstadkomma – om du till exempel föreställer dig en bästa möjliga framtid där du har blivit dollar miljonär, läkare eller företagsledare och inser att den drömmen är fullt möjligt att förverkliga – kommer du att hålla fast vid din plan även när du, vilket är oundvikligt, stöter på hinder.

Ett annat viktigt sätt som optimismen gör oss lyckligare på, är att den drar oss att till att använda aktiva och effektiva strategier för att hantera svårigheter. Alla optimismstrategier handlar egentligen om att träna sig i att betrakta tillvaron ur ett positivt och gynnsamt perspektiv. Många av dem bygger på klichén om att "efter regn kommer solsken". Det gäller att lära säg att se att "när en dörr stängs, så öppnas en annan". Det krävs mycket arbete och en hel del träning för att lära sig bemästra det här tänkandet, men om vi kan kämpa på och lyckas göra det till en vana så finns det enorma vinster och rikedomar att hämta.

En del läsare kanske fortfarande är skeptiska. Att "tänka positivt "eller att" se saker och ting från det ljusa sidan" kan låta naivt eller ännu värre, idiotiskt.Du kanske är en person som menar att det viktigaste är att "se världen den som den verkligen är". Du vill först och främst komma fram till en realistisk uppfattning om dig själv, människor i din omgivning och tillvaron som helhet. Enligt en sådan uppfattning är det helt enkelt fel, eller åtminstone orealistiskt, att försöka förhålla sig positivt eller optimistiskt till negativa händelser.

Optimism handlar inte om att lura sig själv. Världen kan vara både hemsk och grym, men den kan samtidigt vara underbar och rik. Båda omständigheterna är sanna. Det finns ingen position mittemellan – det som gäller är att välja vilken sanning man själv vill sätta i främsta rummet.

Att vara optimistisk innebär att man måste fatta ett beslut om hur man vill se på tillvaron. Det betyder inte att vi ska förneka negativa händelser eller undvika information om dåliga saker. Det betyder inte heller att vi ska försöka kontrollera sådant som inte kan kontrolleras.

Om en tanke är tillräckligt koncentrerad och uthållig kommer den med nödvändighet att manifesteras. Jag är – och jag blir – det jag tänker. Jag är det jag tänker eftersom mina tankar är uttryck för den grad av mognad som jag har uppnått. Jag blir det jag tänker, därför att mina tankar för eller senare kommer att manifesteras i mitt liv.I situationer, händelser och människor som kommer i min väg.

Att umgås med negativa tankar och känslor är det samma som att vara mentalt förgiftad. Den som förstår vad det innebär är uppmärksam på tankars och känslors kvalitet och innehåll. Illvilja, fördömanden, skvaller och annat mentalt gift tillåts då inte längre att breda ut sig i medvetandet.

Detta gift är mycket farligare för vårt eget och andras välbefinnande än vad vi i allmänhet tycks förstå. Negativitetet drabbar människor, djur och natur i en eller annan form och – alltid den som upplåter sitt tanke – och känsloliv åt sådana tendenser. Tankar reflekteras obönhörligen tillbaka till avsändaren.

Om intuitionen kommer tillsammans med en lugn och harmonisk sinnesstämning är sannolikheten stor för att den är äkta. I det motsatta fallet, om impulsen åtföljs av en uppskruvad känsla av typen "nu måste jag handla kvickt för att inte missa den här chansen", är det praktiskt taget säkert att intuitionen är falsk. Det vill säga att det inte är någon intuition alls.

Intuitionen följer sina egna lagar. Den har egenheten att inte be oss om råd hur, när och på vilket sätt den ska ge sig till känna. Den kommer när den behövs och på det för mottagaren mest praktiska sättet. Det finns inga gränser för den gränslösa närvaron.

Har du kört fast i gamla hjulspår? Gå med i en dramagrupp eller sök dig till kvällskurser där du får möjlighet att utveckla din skådespelartalang, träffa nya människor och bokstavligen stiga ur dig själv. En förebild innebär just det. Sök reda på någon som redan gör det du har ambitionen att göra, iaktta vad han eller hon gör och agera sedan som om du vore den personen. Analysera de olika beteende han eller hon använder och sortera bland dem ut det som du skulle tycka det var naturligt att använda.

Läs mycket på skilda områden för att upptäcka trender. När nya yrkeskategorier dyker upp nyligen har vi begåvats med sköterskepooler, webbdesigners och personliga tränare, är tillgången vanligen liten. Starta eget nu och sikta in dig på att sälja livsstil. Organisera den arbetsfria tiden åt upptagna människor eller dra igång en rörelse som sköter inköp av allt som behövs i hushållen.

Brukar du skriva dagbok? Har du någon gång funderat över hur mycket tid det tar och om du verkligen ska hålla fast vid din inrotade vana? Glöm alla tvivel. Dagboksskrivandet – när du berättar om roliga händelser och alla hemliga tankar och känslor – hjälper dig att må bra.

Du får ett mer aktivt immunsystem. Du blir mindre ofta sjuk. Du blir mindre ofta sjuk och fortare frisk igen om du ändå blir sjuk. Det är något av vad du kan vinna genom att fatta pennan och börja skriva dagbok.

Motion är faktiskt något av ett undermedel. Billigare än medicin. Humöret går upp och vikten ned. När vi motionerar regelbundet minskar nämligen aptiten och suget efter godis, vilket leder till att vi äter mindre. Utan att behöva banta tappar vi kilon och slipper få muffinsmage!

Friska människor höjer sitt välbefinnande och förebygger sjukdomar genom att röra på sig ofta och mycket. Motionen jagar bort tillfällig nedstämdhet och ersätter den med känslor av glädje. Vid motion blir ben och armar varma, musklerna slappnar av och pulsen ökar. Vänstra pannloben, hjärnans säte för positiva känslor, blir mer aktiv.

Inte nog med det. Regelbunden motion gör att man sover gott om natten. God sömn bidrar i högsta grad till att människan kan känna glädje och fungera på ett bra sätt under dagen.

Att gå in för att njuta av livet – så länge det inte går ut över någon annans välbefinnande – är ett osvikligt sätt att öka vår lyckokänsla. Vi människor som har så bråttom, borde stanna upp några gånger under dagen och tillåta oss att njuta lite mer. Av t.ex. mat, vår familj och våra vänner, vila, vackert väder, trädens sus, blommorna i trädgården och den vattensprutande fontänen i parken. Så snart det händer något bra ska man njuta och fira stort.

Meditation är djup vila, något som dagens människor inte skämmer bort sig med. I stället är vi i farten hela den vakna delen av dygnet, sysselsatta med allehanda göromål, medan våra tankar löper i 120 åt olika håll. Många unga blir svettiga om de inte kan kolla sin epost, skicka sms, ta emot samtal och ringa sina vänner hela tiden.

Genom att regelbundet meditera en eller två stunder om dagen, och låta hjärnan vila, når många människor ett ökat lugn och en högre grad av harmoni. Några minuter är bättre än ingenting alls, Och man behöver inte vara mästare på meditation eller ha mediterat under flera år för att nå ditt.

Bevisen för att meditation har en kraftfull positiv påverkan blir fler och fler. Meditationen har direkta effekter på vår fysiska hälsan. Meditation kan ge lägre blodtryck, kan förebygga hjärtkärlsjukdomar på ett effektivt sätt. Det också vid hjälper vid kronisk smärta, panik ångest, vissa hudproblem. lätt depression och missbruksproblem.

Det märkvärdiga är att meditation skänker djup vila samtidigt som den gör oss mer alerta, bland annat genom ett ökat blodflöde till hjärnan. Meditation ökar vår känsla av att ha kontroll över tillvaron, stänger av negativa tankar. Den höjer vår förmåga att observera och uppmärksamma både våra kroppsförnimmelser och det som finns utanför kroppen. Det leder också till förbättrade intellektuella prestationen i skolan, på jobbet och på fritiden. Meditation leder till en utjämning i de två hjärnhalvornas arbete och det har förts fram tanken att de många positiva effekterna av meditation beror på just den här förändringen i hjärnhalvornas arbete.

Dessutom, det tillstånd av välbefinnande som uppstår vid meditation sträcker sig förbi meditationsstunden. Det finns kvar länge efteråt.

Hur går det till att stilla sig och meditera? Du bör söka dig till en ostörd plats och se till att sitta bekvämt. Slut ögonen och låt alla muskler slappna av. Under meditationen riktar du din uppmärksamhet på en viss sak. Du kan välja andningen till exempel. Sitt stilla och avslappnad i stolen och koncentrera dig på andningen. Känn hur du andas in… och ut…Upprepa detta 10 till 20 minuter.

Olika tankar kommer att vilja inta dig, men låt den flyga i väg som svalor mot sommarhimlen. När du tappar koncentrationen är det bara att fokusera på nytt. Du kan också välja att tänka: Jag är…när du andas in. Håll andan två sekunder och tänk,alldeles lugn…när du andas ut. Upprepa det gång på gång. Intala dig själv att du är lugn, samtidigt som din andning blir lugnare och långsammare.

Lyckan kommer till den som skrattar, säger ett japanskt ordspråk. Musklerna är avslappnade när vi gapskrattar, ibland så mycket att vi tappar styrsel och viker oss dubbla eller ramlar av stolen.Att skratta är att ta en minuts semester då vi njuter och förlorar oss själva för en liten stund, när vi glömmer vår bekymmer. När musklerna är skönt avspända är också våra tankar fria från spänning och oro och vi känner oss euforiska, ja, lyckliga.

Människan har ett belöningssystem i hjärnan som aktiveras och skänker lustkänslor varje gång hon till exempel äter, älskar eller lyssnar på sin favoritmusik. Samma belöningssystem aktiveras av gott humör och skratt. Det är därför vi älskar att skratta, vi blir en smula höga på det. Humör och skratt är uppiggningsmedel, utan tråkiga bieffekter. Humör och skratt kan vi ta till i alla miljöer, tillsammans med alla människor, kända och okända. Inte ens begravningar behöver vara fria från skratt. Humör och skratt kan ändra en tung sinnesstämning på en sekund blankt.

Vår hjärna är uppdelad på ett specifikt sätt. Det är framförallt i höger hjärnhalva som vi hanterar trista händelser, som ett underkänt körkortsprov eller ett brev om restskatt. När vi stöter på något roligt blir det vänstra hjärnhalvan aktiv. Vår dopamin utsöndring ökar och vi fylls av positiva känslor.

Humör, leendet och skratt påverkar alltså vänster hjärnhalva och vi får en snabb, härlig humörhöjning. Skratt säter fart på blodflödet som ger oss bättre färg ansiktet och är bra mot kalla händer och fötter.

Varje funktion i kroppen har en" hemmabas" som den vill återvända till, på samma sätt som en termostat har sina fastställda punkter. Kroppstemperaturen fungerar faktiskt mycket som en termostat. Man kan höja den genom att springa en kilometer eller sitta i en bastu, men när man slutar återvänder kroppstemperaturen till 37grader. Det är hemmabasen i din kroppsliga termostat, som fastställs av naturlagarna under evolutionens gång. Dessa lagar är flexibla så att man tillfälligt kan avvika från det normala, men om man avlägsnar sig för långt eller under för lång tid, så blir följderna obehagliga.

En av huvudorsakerna till att den mänskliga fysiologin är så komplicerad är att vi har hundratals termostater inom oss, var och en styrd av sin egen uppsättning naturlagar – vi har inte bara en enstaka balanspunkt utan flera. Koordinationen mellan dem är mirakulös. Man skulle kunna tro att blodsomloppet var en enda biokemisk soppa, med tanke på det förvirrande antalet hormoner, näringsämnen och diverse budbärande molekyler som finns där. I själva verket är blodomloppet så exakt balanserad att alla dessa molekyler hamnar precis där de behövs, vid exakt rätt tidpunkt och i exakt rätt mängd.

På samma sätt kan hjärnan utan problem hålla reda på alla överlappade termostater.En liten del av mellanhjärnans främre del, hypotalamos, väger bara knappa 5 gram och reglerar ett förbluffande stort antal funktioner.Däribland ämnesomsättningen av fett och kolhydrater, sömn och vakenhet, aptit, törst, vätskenivåer, tillväxt, kroppstemperatur – i korthet allt det som sker automatiskt i kroppen.

I tusentals år har medicinen strävat efter att försöka återge de sjuka kontakten med sin sanna natur – detta är ingenting unikt. I västerlandet har vi däremot varit förhäxade av den vetenskapliga medicinen med dess strikt fysiska förklaringskmodell. Nu medger man inom den västerländska medicinen att sjukdomar kan ha både psykiska och fysiska orsaker.

När du väl har accepterat existensen av en kvantkropp, som fungerar parallellt med den fysiska, får du också en förklaring till många företeelser som tidigare framstått som mysterier. Begrunda dessa två fakta om hjärtinfarkter:

- Fler hjärtinfarkter sker klockan nio på måndagsmorgnar än vid någon annan tidpunkt under veckan.
- De människor som löper minst risk att drabbas av hjärt infarkt med dödlig utgång, är de som känner störst tillfredsställelse i arbetet.

Sammanställer man dessa två fakta, kan man börja misstänka att det föreligger en valsituation här. Även om hjärtinfarkter anses slå till på ett slumpartat sätt, så ser det ut som om åtminstone en del infarkter styrs av dem som drabbas. En del människor som hatar sitt arbete undslipper det genom att framkalla hjärtinfarkter på måndagmorgnar, medan de som älskar sitt arbete inte drabbas. Inom den konventionella medicinen finns ingen känd mekanism, som gör att vi med tankens hjälp kan ge oss själva hjärtinfarkter. På den kvantmekaniska nivån är kropp och själ förenade och därför är det inte förvånande att en själsligt djup, tärande besvikelse eller otillfredsställelse kan få sitt uttryck i en fysisk motsvarighet – till exempel i en hjärtinfarkt.

All otillfredsställelse måste faktiskt få sitt fysiska uttryck, eftersom alla våra tankar omvandlas till kemiska ämnen. När du är glad kommer kemiska ämnen i din hjärna att föras ut i hela kroppen och föra glädjen med sig till varje cell. När de tar emot budskapet, blir cellerna också "lyckliga", de börjar alltså fungera mer effektivt genom att förändra sina egna kemiska processer. Om du är ledsen, å andra sidan, kommer det motsatta att ske. Din depression omkopplas kemiskt till varje cell i kroppen och får till exempel hjärtat att värka, och immunförsvaret att försvagas. Allt vi tänker och gör har sitt ursprung i den kvantmekaniska kroppen och kommer sedan upp till verklighetens yta.

Du har antagligen hört talas om experiment under hypnos där försökspersoner bara med hjälp av suggestionskraft kan göra sina händer varmare, få små rodnader att uppstå på huden, eller till och med locka fram blåsor på huden. Den här mekanismen är inget unikt för hypnos. Alla vi människor gör samma sak hela tiden med den skillnaden att vi inte alltid har kontroll över skeendet.

En typisk hjärtinfarktpatient skulle bli chockad över att höra att han själv framkallat infarkten. Om man nu bortser från de bistra följderna av en hjärtinfarkt, så är den verkligt omskakande nyheten den, att vi har enorma, oanvända krafter. I stället för att omedvetet skapa sjukdomar, skulle vi kunna skapa hälsa på ett medvetet sätt.

Att fokusera uppmärksamheten på en del av kroppen som behöver läkning och att uttala en intention att läka den är en verkningsfull terapeutisk metod. Vad vi än riktar uppmärksamheten mot växer sig starkare i vårt liv. Om du anslår två timmar till att bygga upp kroppen på en träningsgym kommer dina muskler att växa.

Du kan använda din uppmärksamhet till att aktivera kroppens läkningsförmåga. Du kan förändra kropp och själ genom att välja att rykta medvetandet mot den aspekt som du tror behöver uppmärksamhet.

Intentionen har oändlig organisatorisk kraft. Det innebär att om du är klar över vilken resultat du önskar uppnå kan detta faktum på ett uttalat sätt hjälpa dig att uppnå målet och detta utan att du nödvändigtvis behöver ägna dig åt varje detalj. När du vill kasta en tennisboll behöver du inte analysera sammandragningen och avslappningen i alla involverade muskler. Du har helt enkelt intentionen att kasta bollen, och din inre intelligens koordinerar de tiotals miljoner aktiviteter som krävs för att bollen ska bli kastad. Levern utsöndrar socker, ämnesomsättningsmekanismen omvandlar det till energi, blodflöde och andningsmönster förändras – allt organiseras av naturen utan din medvetna kontroll. Om du var tvungen att ägna medveten uppmärksamhet åt detaljerna skulle du aldrig få någonting gjort.

Du kan använda samma principer för att aktivera de läkande krafterna i kroppen, även om du kanske inte har insett att du kan påverka dem. För att väcka din inre läkare krävs andra procedurer än de du vanligen använder för att åstadkomma saker och ting. När du vill lyfta en hand skickar du en signal från hjärnan till ryggraden, vilket resulterar i att vissa muskler dras samman och andra slappnar av. När du vill sänka blodtrycket och förbättra ditt immunförsvar måste du använda subtilare metoder som grundar sig på uppmärksamhet och intention.

Pröva följande visualisering och se om du lyckas påverka funktionen i kroppen på ett sätt som du kanske inte trodde var möjligt.

Sitt lugnt med slutna ögon under en kort stund. Rikta sedan uppmärksamheten mot hjärtats inre och bekräfta alla de saker du känner tacksamhet för. Ha nu intentionen att släppa varje klagomål, bitterhet eller aggression som du kan tänkas bära inom dig. Om du så önskar kan du senare återföra de där klagomålen till medvetandet, men under den här meditationsstunden släpper du dem.

Upprepa nu under en kort stund "ske din vilja". Rikta den till din egen vision av den universella medvetandet. Du må kalla det Gud, anden, eller något annat, vad som helst. Upprepa "ske din vilja" som en mantra. Ha intentionen att tysta din inre dialog – och låt uppmärksamheten vandra genom kroppen.Om du upptäcker ett område som är spänt, ha intentionen att det ska slappna av.

Rikta sedan uppmärksamheten mot andningen. Börja med att bara iaktta andningen – ha sedan målsättningen att den ska bli långsammare.

Flytta uppmärksamheten till hjärtat. Bli medveten om hjärtsslagen, som ljud och som känsla. Ha intentionen att hjärtrytmen ska bli långsammare. Flytta uppmärksamheten till händerna. Känn hjärtrytmen pulsera i händerna. Känn värmen som förmedlas från hjärtat. Sikta på att öka blodflödet och temperaturen i händerna.

Flytta uppmärksamheten till ögonen. Känn hjärtrytmen pulsera i ögonen och sedan i ansiktet. Låt nu uppmärksamheten ströva fritt genom kroppen. Känn värmen, skälvningen och pulsen från hjärtat på olika ställen som du väljer själv. Om du hittar ett område i kroppen som du tror behöver läkedom, ha intentionen att skicka värme till detta område. Om du inte blir medveten om något sådant område i kroppen låt helt enkelt uppmärksamheten återvända till hjärtat. Låt ändå ditt syfte vara att leda hjärtrytmens pulserande värme till varje område som du vill ska näras och läkas.

Håll nu uppmärksamheten och intentionen fästa vid ett sådant område och upprepa under flera minuter följande två ord som mantra: läkedom och förvandling. Vänd uppmärksamheten tillbaka mot hjärtat, nu utan ett speciellt syfte. Var bara medveten om dina hjärtslag. Flytta sedan uppmärksamheten mot din andning. Öppna ögonen efter en kort stund, så har du fullbordat meditationen.

Denna meditation ökar först temperaturen och blodflödet i de delar av kroppen som behöver välgörande uppmärksamhet och introducerar därefter intentionen att de ska läkas. Det är en mycket verkningsfull meditation och de är viktigt att inte hoppa över något moment. Man bör gå igenom hela sekvensen, inklusive intentionen att vara tacksam och intentionen att släppa klagomålen. Öva den läkande meditationen så ofta som möjligt. Med tiden kommer du att kunna känna värme och skälvningen och i vilken kroppsdel du vill och aktivera kroppens läkande energi genom uppmärksamhet och intention.

I varje ögonblick strömmar miljontals impulser genom nervsystemet och omvandlas till de handlingar vi utför varje dag. En önskan att till exempel dricka vatten tillgodoser de olika behoven hos 50 miljarder celler i kroppen. Var och en av dessa sänder ett budskap till hypotalamus för att detta ska bli dechiffrerat av särskilda receptorer. Hypotalamus i sin tur för samman kropp och sinne genom att tillverka de specifika neurotransmitorer, eller budbäraremolekyler, som får oss att tänka: Jag är törstig.

En naturlig önskan, av vilket slag som helst, tar en liknande väg. Ett behov uppstår någonstans i den kvantmekaniska kroppen, hjärnan ordnar sambandet mellan kropp och sinne, och vi upplever en impuls att handla. Så länge behov och önskningar passar ihop, lever vi i samklang med naturen. Önskningarnas väg hålls öppen. Idealiskt vore om varje av tugga maten smakade delikat och samtidigt tillfredsställde ett exakt näringsbehov. Huden behöver kanske extra mycket C-vitamin för att laga en skada orsakad av solbränna, ett ansträngt höftben kan behöva mer kalcium, och en sträckt armmuskel mer kalium.

Det vi blivit av naturen, det vi har behov av, och det vi önskar, bör inte vara i konflikt med varandra. Alla önskningar uppstår ju på kvantnivån, som svaga vibrationer, vilkas dynamiska samspel alltid är balanserat. Om kroppen eller sinnet kommer i obalans, Så sänds en korrigerande impuls ut från kvantkroppen, och vi registrerar det som en önskan.

Tyvärr är det alltför lätt att störa det här samspelet, och när så sker, hamnar vi i obalans med naturen. Istället för att lita på att den balanserade kroppen talar om vad den behöver, tar vi ofta vitaminer på ett urskillningslöst sätt, tvångsätter mat, och stoppar i oss alldeles för mycket skräpmat och sötsaker.

Man måste inte gå till ytterligheter för att få ut det mesta av kroppen. Kroppen är intelligent. På kvantnivån vet den exakt vad den behöver. Ända ner till matens atomer och molekyler, till minsta andetag och minsta rörelse.

För att vi ska fortsätta att utvecklas och gå vidare i livet, måste vi hela tiden göra de rätta valen för oss själva, dag efter dag, minut för minut. Valmöjligheterna är oändliga, eftersom utmaningar i livet är oändliga, och därför kan det verka omöjligt att undvika de felaktiga valen.

För varje beslut vi tar, stort eller litet, ser kvantkroppen endast ett riktigt val, även om vi kan registrera många valmöjligheter i våra sinnen.

Kapitel 7 - Tro

Den som har positiva förväntningar på att bli frisk efter en skada har större sannolikhet att bli återställd jämfört med den som är mer pessimistisk inställd. Orden har stor makt över oss. Det vi ser och tror på är också det vi får därför är det viktigt att lämna offerrollen och bli en" levare" genom att ta ansvar för egna tankar och handlingar. När vi förändrar vårt tankemönster och trossystem i positiv riktning kan vi skapa en god grund och utvecklas som människor.

Hjärnan kan, som nämnts tidigare, inte skilja på tro och vetande, och det vi tror på uppfattar vårt system som en sanning. Med vårt system menas hela vårt jag- tankar, känslor, själ och kropp. Allt mer forskning pekar på att tron har mycket större betydelse än vi velat ge den, och otaliga vittnar om att det vi tror på manifesterar sig i kroppen. Tron- eller tilliten, tilltron, åsikten och övertygelsen- formar även en fysisk realitet.

Trons kraft är det som medicinen kallar placeboeffekt, och som man hittills bortsett ifrån. Det är beviset för tankens kraft över materien, och man borde använda det istället för att bortse ifrån det.

Placeboeffekten finns visad i mängder av sjukdomstillstånd och är starkare för vissa tillstånd än andra. Till exempel existerar objektiv placebo vid astma, något man borde utnyttja mer för att slippa medicineringen. Där har man även upptäckt hur dysfunktionell andning felaktigt diagnosticeras som astma, när det handlar om att lära sig andas rätt med djupa bukandningar.

Det är laddat att säga att tron har så stor betydelse eftersom det går emot det gängse vetenskapstänkandet där information och kunskap är hårdvalutan. Människans egna tankar betraktas som en opålitlig variabel och diffus mjukvara. Dessutom finns risken att tro förväxlas med religion. Det är helt skilda områden, såvida man inte tillskriver en stark tro på en kirurgs skicklighet eller motionens effektivitet något som likställs med religion.

Allt är ju egentligen energi eller olika frekvenser av energi, det är själva grunden för all existens. Den nya kvantfysiken öppnar för en ny världssyn där energin egentligen är lika med information formaterad som strukturerad energi. Den bildar en energikropp, vilket är skild från den biokemiska kroppen men står i relation till den. Genom att påverka energikroppen på olika sätt underlättas eller försämras reparationen av den fysiska kroppen. Energimedicinen är det nya område som utgår ifrån energikroppen vid behandlingar. Eftersom tankar är energi är det inget konstigt att tankarna kan påverka vår fysiska realitet.

Den nya kvantfysiken visar oss egentligen hur den fysiska kroppen-materia enligt vår nuvarande världssyn- kan påverkas av de icke-materiella tankarna. Tankes energi kan direkt influera hur den fysiska hjärnan kontrollerar kroppens respons och reaktioner.

Våra tankar kan liknas vid en sorts själslig energi som färdas med ljusets hastighet. Tankarna är en kraft att räkna med, och den bär oss och våra handlingar framåt. Med tanke avses här medvetande, avsikt, föreställning, koncept och de mönster med vilka vi uppfattar och svarar på omvärlden. Det du tänker på och tror på förstärks, det får du mer av.

Inget är förutbestämt. Livet är ett flöde av möjligheter och händelser. Vi sållar intrycken från omgivningen genom tankens och trons filter, och det du tror på är även det du ser. Skyll inte på andra utan ta ansvar för din situation. Således kan vi inte se nya saker förrän vi tror på att de finns! Om vi tror på vår egen läkande kraft och förmåga så ökar den. får vi dessutom hjälp och empatiskt stöd av andra att tro på den så blir det än bättre.

Det du tänker på får du mer av. När vi förändrar vårt tankemönster och trossystem till ett mer positivt, kan vi skapa en positiv utveckling och växa som människor.

Det räcker således inte bara med positivt tänkande. Vi behöver även förändra de tankar och minnen som ryms i det omedvetna. Så att vi inte upprepar samma program igen. Genom att lösa upp negativa mönster och blockeringar kan vi bli mästare i vårt eget liv. Det hjälper oss att lämna offerrollen, ta kommando i vårt liv och reda ut de inre konflikter som tar onödig kraft. Allt för att ge de bästa förutsättningar för framgång och för att skapa det vi önskar i livet.

Genom att ägna mer uppmärksamhet åt det inre och det vi kallar det omedvetna gör du det till en kraft som verkar för dig. När du mediterar regelbundet ökar du kontakten med det omedvetna. Även din förmåga att uppfatta förnimmelser utanför de fem sinnena ökar när du tar de små, subtila signalerna inifrån på allvar. Det omedvetna kontrollerar alla vitala processer i kroppen, men det har också svaren på dina problem. Du vet vad du behöver, svaren finns inom dig- det gäller bara att lyssna.

När det omedvetna accepterar en tanke så börjar det att utföra den. Det skiljer inte på bra eller dåliga idéer, utan är som en jord som accepterar alla frön- bra som dåliga. Det är när vi använder det på ett dåligt sätt och matar in negativa tankar, som vi känner oss misslyckade, blir frustrerade och olyckliga. När vårt tänkande är harmoniskt, konstruktivt och positivt manifesterar det sig i god hälsa och inre samt yttre framgång. Reaktionen och responsen från ditt omedvetna, beror på tankar och idéer som du belyser i ditt medvetande. Det omedvetna levererar- det är upp till dig vad du beställer.

Vi hinner tänka upp emot 90 000 tankar dagligen. 80-90 procent är negativa- är det då inte dags att pröva något annat? Positiva tankar och en positiv hoppfull sinnesstämning är essentiellt för att skapa välmående. Kan det ge oss allt i livet och tillfredsställa våra behov?

Det stämmer att det som du tror på innerst inne, i ditt omedvetna, kan manifestera sig genom positivt tänkande. Ändå, om det positiva du tänker och tror inte stämmer med det som finns lagrat i det omedvetna, manifesterar det sig inte: Det du tror innerst inne är det som styr.

Att ändra sitt tänkande till positiva och stöttande tankar är som att ge bränsle till sin bil. det är att byta upp sig till massor av mer hästkrafter och en mycket snyggare bil med läcker färg. Det är en mycket skönare känsla att köra den här bilen och det positiva tänkandet gör att vi kan bara köra fortare dit vi vill. Om nu vägarna fortfarande är desamma, för få celler blockerade, så hjälper det inte hur fin och snabb bil vi fått, för vi kommer ändå aldrig fram.

För att verkligen lyckas behöver vi nya vägar. Vi behöver bygga upp nya banor på ställen vi aldrig varit förut. Det fina är att hjärnan har denna förmåga och kan växa och dra fram nya nervbanor hela livet. Det är aldrig försent att dra nya ledningar i hjärnan.

Det gäller att bli medveten om rädslor för att kunna vara den unika person du är, och för att lyckas – för då kliver du ut från gruppen. Det kan kännas farligt att vara framgångsrik, det föder avundsjuka och utanförskap. Så behöver det inte vara. I stället skulle människor kunna vara glada för din skull och få ta del av din glädje och framgång.

Om du håller dig tillbaka dig själv måste även andra hålla tillbaka sig själva. När du vågar vara dig själv och ge av det du har och är, då blir det också en tillåtande "kultur". I och med att du gör det så kommer de som du möter att känna att även de får blomstra. Då får människor leva i hela sin kraft. Ha med dig det goda tankarna om hur du skapar framgång och det du önskar.

Läs igenom dessa affirmationer sakta och se hur du reagerar på insidan. Lägg märke till emotionerna i kroppen. Livet är gott och tryggt. Jag förtjänar att ha det bra. Världen är god och närande. Människorna är snälla och hjälpsamma. Jag är värd att älskas. Jag är värd att lyckas. Jag är nöjd med mig själv. Jag mår bra. Jag är värd att tjäna mycket pengar.

Viljan har betydelse för att fokusera på det man önskar. Att fokusera sina krafter är en förutsättning. För att komma in i flödet och göra sitt bästa, och samtidigt ökar man sina känslor av glädje och tillfredsställelse. Man kan ta hjälp av större krafter genom att koppla in till energifältet runt omkring, vilket snabbar på processen avsevärt.

Det viktigaste är dock att du lyssnar på din inre röst, för att inget annan kan tala om för dig, vad som är rätt att göra. I korthet skapas framgång av att följa sitt hjärta, lyssna på sina drömmar och göra jobbet som behövs.

Den stora hemlighet med att lyckas är således att tro på sig själv och det man gör. Det är att ha en känsla av att ha tillit och tilltro till livet och den egna förmågan. Därmed har man också en fridfullhet, lätthet och glädje med fokus på möjligheterna snarare på problemen.

Om vi förväntar oss att bli lyckliga ökar chansen för detta. Om vi förväntar oss att vi ska klara av något så ökar chanserna stort för att det ska lyckas.

För att skapa det vi önskar behöver vi inte bara sätta mål och agera utan även ge utrymme för pauser där vi väntar in och tar emot. Då befinner vi oss i ett mer receptivt tillstånd. Det kan jämföras med att ta i av full kraft och knyta händerna hårt. Du blir stark – det ryms ju inget i de knutna nävarna och inte heller kan du hälsa på nya människor eller känna av omgivningen. När du öppnar händerna ryms det mycket och du kan ta emot nya saker. Du kan även känna på det som kommer till dig och det som finns runt omkring.

Du kan likt en magnet dra till dig det som du önskar och behöver, vare sig du är man eller kvinna. Det innebär att du skapar ditt liv genom att du attraherar saker, händelser eller personer in i ditt liv.

När du vill förändra och få något nytt i ditt liv är det viktigt att utgå från det du tycker innerst inne. Att lyssna på det som är din längtan och dina drömmar är att använda denna hemlighet. Ta fasta på det som ger kraft åt ditt inre och höjer din energi automatiskt.

Att skapa sitt liv är en pågående process där det är väsentligt att stämma av med sig själv var man är och vart man vill vara på väg. Känn efter. Formulera och beskriv. Visualisera. Släpp taget. Håll drömmen levande, öka chanserna. Ha tillit.

Eftersom allt är energi, inklusive våra tankar, vill jag ge en bild av hur det kan fungera. En liknelse är att du är som en radiostation som sänder ut olika frekvenser eller signaler. Där ute någonstans finns det mottagare och för att signalen ska nå ut behöver hela din person (tanke, känsla, kropp och själ) sända ut signaler som är koherenta, det vill säga som samverkar, och förstärker varandra. För om du sänder ut signaler som inte stämmer med varandra (har olika frekvens och intensitet) uppstår det interferens, vilket hämmar eller släcker ut signalen. Det blir brus och störning på luftlinjen och knappast det resultat du önskar. Inte heller når signalen fram till de önskade mottagarna.

Energi finns ju inte bara i form av frekvens (som ljus - och ljudvågor) utan även i form av partiklar. En annan konkret bild är att din kropp, tankar, känslor och själ behöver vara samlad kring det som du önskar skapa. Se det som att varje del representeras av en ring, och at ringarna behöver vara samlade i varandra för att få den nödvändiga fokuseringen som ger resultat. Om ringarna är utspridda och drar åt olika håll så når du inte heller det du önskar - eftersom din kraft är splittrad.

Många bär på rädslan för att lyckas och bli framgångsrika. Det kan ligga på flera plan och kanske handla om att det känns obehagligt att synas och sticka ut, att ta plats och möta folks reaktioner på det. När det går bra skyller man på tillfälligheter, Lyckade yttre omständigheter eller slumpen. Det kan bero på att man har svårt att emot beröm och att stå i fokus.

Det finns föreläsare som är inspirerande, informativa och fantastiskt bra – men när applåderna kommer tittar de ner i golvet, ler blygt och skyndar av scen så fort som möjligt. Att ta emot uppskattning är en träningsfråga, så träna dig på att se personen i ögonen och tacka för de vänliga ord de sagt. Det gör gott att både få ta emot och ge beröm och uppskattning.

Kanske undviker man yttre framgång genom att ha svårt att fullfölja och avsluta. Man skapar de dåliga omständigheterna och skyller på otur för att man inte lyckas, det vill säga man tar inte ansvar för sina handlingar. Man tvekar att ta nya chanser och se möjligheter som kan få en att framstå som en vinnare. Ett annat sätt att begränsa sig är att alltid ha ont om pengar.

Alla dessa beteende är mänskliga och vanliga. Det som håller oss tillbaka är rädslan för att vi inte ska vara älskade, trygga och en del av gemenskapen om vi går emot andra människors förväntningar och önskningar. Att vi ska hamna utanför om vi följer vår egen längtan och innersta önskan.

Drömmar är det som sätter dig i förbindelse med dina magiska krafter. De blir som en kabel rakt in till själen till våra känslor och innersta tankar. Genom att ta våra drömmar och önskningar på allvar kan vi också skapa det vi önskar.

Det kan gälla både små och stora saker. Det gäller både nattdrömmar och dagdrömmar. Ta dina drömmar på allvar. Vår förmåga att utföra extraordinära handlingar hänger samman med vår förmåga att fokusera hela vårt kraft på något. Det kan till exempel ske vid en meditation, yoga övning, idrottsprestation eller arbetsuppgift. När vi koncentrerar oss starkt och medvetet kommer vi efter ett tag in i det som kallas flödet, the flow. Uttrycket är myntat av den amerikanske professorn Mihàly Csikszent Mihàlyi. I detta tillstånd kan vi både utföra stordåd och tänka exceptionella tankar samtidigt som vi klarar av fantastiska fysiska prestationer. Vi kan få plötsliga insikter som belyser och förklarar något som vi funderat på länge. Ofta är detta förknippat med starka känslor av tillfredsställelse och glädje.

För att sätt igång denna process behövs lite avspänning och ordning. Ens uppmärksamhet ska riktas på uppgiften och samtidigt blir man helt närvarande i det som sker. Detta skapar i sig en ökad känsla av att vara fokuserad och närvarande, vilket frisätter spontana känslor av vällust och mild extas. Så det som från början var ansträngande förvandlas till något behagligt, och blir en självalstrande process.

Det är precis som sex. Ibland har man inte lust, och det tar emot för man är trött, stressad, irriterad eller något annat. Kommer man väl igång så kommer lusten också, det går av sig själv och ger starkt välbehag. Att gå in i detta tillstånd gör det möjligt för oss att gå utanför oss själva. Det är som om vi blir en del av något större. Alternativt kan det vara så att något större blir en del av oss när vi fokuserar hela vårt väsen och vår medvetenhet på en exakt, definierad uppgift. Det är även en fördel att ha tränat på det och gjort det många gånger. Då kommer det lättare in i flödet. Man tappar helt begrepp om tiden. Det är även viktigt att få vara ostörd

När man upprepade gånger tränar sig att fokusera hela sin kraft på tankar och känslor så förändras själen och även hjärnan. Bland annat har det visat sig ge en tjockare hjärnbark, mer känslor av glädje och ökad kontakt med intuitionen. Ju mer du använder din kraft genom fokusering, desto mer kraft får du!

Vi kan uppleva denna kraft i extraordinära situationer, som när en mamma själv lyfter upp en bil för att hindra sitt barn att klämmas ihjäl. En skadad spelare i en match eller tävling känner inte smärtan utan fortsätter att kämpa. Kraften för en löpare tar helt slut och plötsligt finns det bara helt ny energi som gör att loppet kan fullföljas. Ibland verkar vi få tillgång till en outsinlig kraft när vi som bäst behöver den.

Det kan man göra genom fokusering av sin kraft, som vid koncentrerat arbete eller när man regelbundet tränar meditation, affirmation, visualisering och liknande. Då kan vi samtidigt fylla på kraft när vi behöver, och även spara på vår egen livsenergi. Vi har en väldig inneboende kraft, men för att använda den behöver vi kontakta den.

Att ta tid i stillhet, meditera och reflektera är lika viktigt för att skapa nytt. Det är då vi ger utrymme för att attrahera det rätta in i vårt liv.

Öppna dig för allt gott som finns och be om det du önskar och drömmer. Samla dina krafter och tankar kring det du önskar och skicka upp önskningen. Använd din magnetiska kraft. Du klarar mer än du tror. Ge dig själv kraft genom att tro på dig själv och på att det som sker har en högre mening.

En god självbild ingår i de positiva val som vi gör, precis som god hälsa. Vi kan öka och träna upp den på olika sätt.

Genom att utveckla oss och expandera vårt medvetande om oss själva och omvärlden knyter vi kontakt med det positiva krafterna.

Då behöver vi inte längre påverkas eller styras av destruktiva krafter inom eller utanför oss. Utryckt på annat sätt blir vi lättare offer för känslor av pessimism, negativitet och bedrövelse när vår självbild är låg, eller om vi inte är i kontakt med vår egen potential. Därför är det viktigt att bli medveten om sin självbild så att man kan stärka den.

Om en person kritiserar och vill såra dig har det med personens självbild att göra. Du kan inte heller tala illa om en annan person utan att samtidigt nedvärdera dig själv. De som fördömer andra sänker sin egen energi och sin självbild, de höjer den inte som de kanske tror.

När du är utsatt för ett verbalt angrepp eller ifrågasättande så är röstläget mycket viktigt. Höj inte rösten utan gör tvärtom, sänk den och gör den fylligare och mörkare. Det signalerar styrka och makt. Du kan även pröva att sträcka på din kropp och spänna ut bröstkorgen genom att föra axlarna bakåt. Gör dig bred för att markera att du är bestämd. Allt detta gäller för både kvinnor och män. Det är fundamentala biologiska signaler.

Personer som angriper verbalt vill ju se dig skadad, det ger dem maktkänslor. Om du bestämt visar att här finns inget att få så slutar de. Fundamentet i livet är din självbild och självmakt, och de kan stärkas och utvecklas för att ge dig de bästa förutsättningarna i livet. De delar som utgör kroppen är de känslor, krafter och energier som du använder för att skapa din verklighet. De är alla värdefulla redskap som är dina att använda för att skapa det liv du önskar och uppleva de känslor som ger mening till dig liv.

Överst, i huvudet, finns tankens kraft. För det är viljan och din grad av medvetenhet som driver på expansion och utveckling och ger dig de bästa förutsättningarna. Även om dina omedvetna delar tar hand om det mesta, är det dina personliga egenskaper, tillsammans med din tro och vilja som får saker att hända

Se hela dig och hur fantastisk du är. Se vilka förmågor och möjligheter du har. Låt inte andras begränsningar eller dina egna gamla mönster hämma din expansion. Använd dig av den kunskap som finns för att må bra, leva väl, förverkliga dina drömmar, bli framgångsrik och känna stor glädje och lycka i livet.

Naturligtvis sitter du fast i gamla hjulspår. Varför tror du annars att du alltid gör samma saker på samma sätt och i samma ordning varje morgon när du vaknar? Eller alltid äter samma frukust eller alltid tar samma väg till jobbet? Eller alltid läser samma delar av tidningen? Eller alltid köper samma varor i snabbköpet? Eller alltid tittar på samma tv-program? Eller alltid klär dig på det sätt du gör, eller tänker på det sätt du gör, eller, eller, eller? Det beror på att du sitter fast i gamla hjulspår.

Eftersom du gör det registrerar dina fem sinnen samma saker idag som de gjorde igår. Samma syner, känslor, lukter, ljud och smaker. samma ljud, samma smaker. För all del, nya intryck smyger sig emellanåt. Det kan du inte förhindra. Inte ens en dövblind eremit kan stänga ute nya intryck.

om du fortsätter att köra på i samma gamla hjulspår och låter nya intryck smyga sig in av sig själv kommer du aldrig att kunna bygga upp den varierande och omfattande databas du behöver för att kunna få nya idéer.

Åt vilket håll du än tittar finns det en stor, fascinerande, exploderande värld av information. Du måste titta. ju förr du gör det, desto tidigare blir du medveten om "gamla element" som du inte ens visste existerade.

Läs en bok om ett ämne varje månad. Lyssna på en radiostation som du aldrig har lyssnat på förut. Studera latin. Beställ in något på en restaurang utan att exakt veta vad det är. Läs texten på en pizza förpackning. Läs plats annonserna, en barnbok eller en tidskrift som du aldrig har hört talas om. Sök upp någonting på internet som du tror att du kommer att ogilla. Se en biofilm eller en teaterpjäs som du tror inte är något för dig. Hyr en videofilm som du aldrig har hört talas om. Känn på barken på tre olika slags träd. Lär dig att avgöra vilket som är vilket bara genom att lukta på det.

Gå ut och ät lunch med någon som du inte brukar göra det med. Lyssna intensiv på musik som du inte gillar. Ta bussen till jobbet i en vecka. Lär dig att läsa noter. Lär dig teckenspråket. Börja med akvarelmålning. Studera grekiska, kinesiska eller något annat språk. Besök en butik, ett galleri, ett museum, en restaurang, ett köpcentrum, en byggnad eller en plats som du aldrig har besökt förut.

Jag menar naturligtvis inte att du ska göra alla dessa saker, men gör någonting. Redan idag. Något annorlunda som bryter dödläget. Någonting som leder dig i en annan riktning som hjälper dig att lämna de gamla hjulspåren. Gör saker. Skaffa dig ett stort urval av erfarenheter. Ditt sätt att tänka påverkar vad du tänker på och vilken sorts tankar du får. Desto fler olika sorters tankar du får, desto mer säd har du till din idékvarn.